中国企业对外直接投资的区位与模式选择研究

刘晓宁 著

中国财经出版传媒集团

经济科学出版社

Economic Science Press

图书在版编目（CIP）数据

中国企业对外直接投资的区位与模式选择研究/刘晓宁著.
—北京：经济科学出版社，2018.11
ISBN 978 - 7 - 5218 - 0028 - 9

Ⅰ.①中… Ⅱ.①刘… Ⅲ.①企业 - 对外投资 -
直接投资 - 研究 - 中国 Ⅳ.①F279.23

中国版本图书馆 CIP 数据核字（2018）第 270905 号

责任编辑：宋艳波
责任校对：王苗苗
责任印制：李　鹏

中国企业对外直接投资的区位与模式选择研究

刘晓宁　著

经济科学出版社出版、发行　新华书店经销
社址：北京市海淀区阜成路甲 28 号　邮编：100142
总编部电话：010 - 88191217　发行部电话：010 - 88191522
网址：www. esp. com. cn
电子邮件：esp@ esp. com. cn
天猫网店：经济科学出版社旗舰店
网址：http://jjkxcbs. tmall. com
北京季蜂印刷有限公司印装
710×1000　16 开　13.75 印张　200000 字
2018 年 11 月第 1 版　2018 年 11 月第 1 次印刷
ISBN 978 - 7 - 5218 - 0028 - 9　定价：48.00 元
（图书出现印装问题，本社负责调换。电话：010 - 88191510）
（版权所有　侵权必究　打击盗版　举报热线：010 - 88191661
QQ：2242791300　营销中心电话：010 - 88191537
电子邮箱：dbts@ esp. com. cn）

前　言

2000 年正式提出"走出去"战略以后，中国以惊人的增长速度成为全球重要的对外直接投资（DFDI）流出国。2016 年，中国对外直接投资流量位于美国之后居全球第二位。但是应当看到，中国的对外直接投资整体仍处于起步阶段，中国企业还没有形成成熟的国际化战略，投资区位和模式的选择也具有一定的盲目性。在这种背景下，对中国对外投资问题进行深入研究，具有重要的现实意义。理论方面的发展也为中国对外直接投资的微观层面研究奠定了基础。自梅里兹（Melitz，2003）开创异质性企业贸易理论以来，从企业层面探讨贸易的起因和结果问题成为前沿的研究领域，有关跨国投资的理论研究也开始融合企业异质性贸易理论的成果。本书从企业微观层面对中国对外投资的区位和模式选择进行系统研究，探讨其对外直接投资决策的形成机制，丰富和拓展中国对外直接投资的理论研究内容，在明确其区位和模式选择影响因素的基础上，为中国政府制定相关政策、优化中国对外直接投资的整体布局提供依据，也为企业科学合理地"走出去"提供参考。

本书首先基于对中国对外投资快速发展的现实，以及异质性企业贸易理论出现两方面情况的考察，提出研究中国企业对外直接投资的理论基础与现实背景；然后对中国企业对外投资的现状事实，特别是对外投资区位和模式选择的典型化特征进行分析梳理；最后从理论角度对企业异质性外商直接投资（FDI）理论模型进行演绎和扩展，得出理论推论，并运用中国工业企业大样本匹配数据进行实证检验。

相对于已有文献，本书尝试在以下方面进行探索性研究。

第一，本书对中国对外直接投资的特征事实进行了全面细致的分析，深入探讨了国际避税地投资、"返程投资"和"跳板投资"等问题对中国对外直接投资总体统计数据的影响,一定程度上纠正了对中国海外投资某些事实的误读。同时,重点对中国对外直接投资的区位特征和模式特征进行分层次分析,对不同区位的行业特征、不同区位的项目规模特征、不同行业的模式特征、不同区位的模式特征等进行了微观梳理,提供了对中国对外直接投资活动多角度的全新认识。

第二,本书对中国企业对外直接投资的区位选择问题进行了全面深入的分析,在拓展理论模型的基础上,运用中国工业企业数据库和商务部境外投资企业(机构)名录匹配得到的样本数据进行全方位的实证检验,检验中既包含企业异质性特征因素,又包含东道国特征因素,同时还进行了不同所有制性质、不同资本密集度、是否出口三个维度的分组检验,并进一步对区位选择的洲际特征进行扩展分析。现有中国企业对外直接投资区位选择的相关文献大多是针对其中某一个方面进行探讨,但缺乏系统的全面研究。

第三,本书对中国企业对外直接投资的模式选择问题进行了双维度研究,既探讨了企业在绿地投资和跨国并购中的二项选择,也探讨了企业在合资进入与独资进入之间的二项选择。同时,在中国工业企业数据库和商务部境外投资企业机构名录匹配得到的样本数据基础上,手动补充其对外直接投资进入模式的信息并进行实证检验,而且进行了不同所有制性质、不同资本密集度、不同国际化经验的分组检验。现有文献大多是通过搜集上市公司数据、查询公司网站、发放调查问卷等途径获得实证样本,并且主要研究企业在绿地投资和跨国并购之间的模式选择,因此无论是在样本可靠性还是在考查的全面性方面,本书都更进一步。

针对上述内容,通过规范与实证分析、微观与宏观层面分析、对比分析,以及多种计量方法的综合运用,本书主要得出以下结论。

第一,关于中国对外直接投资的发展演变与特征化事实。中国对外直接投资的发展大体可以分为起步探索、稳步推进、管理扩张、迅猛发展四个阶段,每个阶段都带有显著的制度改革烙印。"返程投资"和"跳板投资"的大量存在使中国官方的对外直接投资统计数据存在一定的误导。行业分布方面,数据显示的中国对外直接投资第一大行业即商务服务业其实主要是为企业避税、会计记账等策略服务，对外投资的最终行业集中在采矿业和制造业。区位分布方面，绝大部分中国企业投向英属维尔京群岛和开曼群岛等国际避税地的投资，和接近1/3的中国内地企业投向中国香港的投资，都属于中转投资，中国的对外直接投资其实主要还是流向了美国、澳大利亚、新加坡、英国等发达国家。

第二，关于中国企业对外直接投资区位选择的影响因素。总体上来说，企业生产率、企业规模、企业资本密集度和企业研发投入等因素对企业的对外直接投资决策具有显著的正向影响；东道国市场规模、自然资源和制度环境等因素对企业的对外直接投资区位决策具有显著的促进作用，而东道国税率水平、劳动力成本、文化距离和地理距离变量与企业选择该东道国投资的概率具有显著的负相关关系，也就是说，中国企业更倾向于选择市场规模较大、自然资源较丰富、制度环境较好、税率水平和劳动力成本较低、文化距离和地理距离更临近的国家和地区进行投资。从不同的洲际区位比较来看，相对于在亚洲地区投资，随着企业生产率和研发投入的增加，中国企业会更倾向于到欧洲和北美洲进行对外直接投资，而对于拉丁美洲和非洲地区则正好相反；随着企业规模的扩大和企业年龄的增加，中国企业会更加倾向于到亚洲以外的地区进行投资。

第三，关于中国企业对外直接投资模式选择的影响因素。总体上来说，企业生产率、资本密集度等因素对企业采用跨国并购方式具有显著的正向影响，而企业规模、研发投入等因素对企业采用绿地投资方式具有明显的促进作用，国有企业更倾向于采用跨国并购的方式进入东道国市场；东道国市场规模、文化距离等因素与企业采用绿地投资方式的决策正相关，而东道国经济发展水平、关税水平、制度环境等因素均对企业进行跨国并购具有显著的正向影响。从股权模式选择来看，企业生产率、企业规模、国际化经验等因素与企业独资进入模式显著正相关，资本密集型企业相比劳动密集型企业更倾向于采用独资进入的方式，高研发密度企业更倾向于采用独资进入的方式；东道国经济发展水平、制度环境等因素与独资进入方式正相关，而东道国市场规模、文化距离、地理距离等因素对企业选择合资进入方式有显著的正向影响。

结合理论和实证分析得到的相关结论，本书分别从企业和政府两个层面提出对策及建议。其中，企业层面的建议包括：结合企业战略目标做出投资决策，根据企业自身特征进行区位和模式选择，注重持续提升企业的核心竞争力，充分考虑东道国和地区的差异化特征，注意控制政治、经济、社会等各类投资风险，多元化选择对外直接投资的创新模式等；政府层面的建议包括：引导中国企业优化对外投资区位布局，大力培育具有核心竞争优势的跨国公司，同更多国家和地区建立良好的经贸关系，多方式扩大跨国企业的融资渠道，建立面向民营企业的对外投资公共服务平台，完善与对外投资相关的法律体系和管理体制等。

当然，本书仍然存在一些不足和有待拓展的空间，值得今后进一步进行持续的深入研究。在理论模型方面，关于企业对外投资的区位与模式选择的两个理论模型之间没有建立起紧密联系，需要进一步深化和拓展。在经验研究方面，本书使用《中国工业企业数据库》和商务部境外投资企业机构名录匹配得到的样本数据进行实证检验，虽然相比一些同类研究样本容量得到了提升，但是也将样本限定在了工业行业范围内，因此无法考察其他行业企业的对外投资问题，也可能使整体研究结论产生偏差。另外，由于中国企业层面微观数据直到近几年才逐渐公开且年限较早，本书经验研究的数据样本主要集中在 2001~2009 年间，而近几年中国对外直接投资与吸引外资逐渐接近平衡，中国成为资本净输出国的最新情况，现有数据样本无法满足研究需要，有待未来实现突破。

总体来说，本书对中国企业对外直接投资的区位和模式选择进行了系统研究，为中国企业的对外投资决策提供了微观解释和理论依据，为政府制定相关政策、提升中国对外投资整体水平提供了决策参考。当然，受水平所限，书中疏漏与不当之处难免，敬请指正。

刘晓宁

2018 年 3 月

目　　录

第 *1* 章

导　论

1.1

选题背景

　　发展中国家的对外直接投资（outward foreign direct investment，OFDI）正在全球范围内迅猛增长。2014 年，发展中国家贡献了全球 34.6% 的对外直接投资流量，以及截至 2014 年底 18.7% 的对外直接投资存量，并且全球最大的 20 个对外投资国中有一半是发展中国家（UNCTAD，2015）。其中，中国无疑是最耀眼的明星。2000 年中国正式提出"走出去"战略以后，以惊人的高速发展一举成为世界重要的对外直接投资流出国。2002～2014年，中国对外直接投资年均增长率达到 39.8%，远远高于同时期利用外资（7.24%）和出口贸易（19.01%）的增速。2014 年，中国内地对外直接投资流量达到 1231.2 亿美元，同比增长 14.2%，位于美国之后居全球第二位。另外，由于中国的对外投资发展历程较短，在存量上与美国、英国、德国等 OFDI 大国仍差距明显，特别是与美国这一 OFDI 超级大国相去甚远。截至 2014 年底，美国 OFDI 存量占到全球的 24.4%，而中国只占全球的 3.4%；从占国内生产总值（GDP）的比重来看，中国 OFDI 存量只占GDP 的 7%，而美国高达 36%。从这个角度来说，中国的对外直接投资仍具有很大的发展空间。从微观层面来看，截至 2014 年底，中国共有 1.85

万家企业开展对外直接投资，涉及2.97万个项目，年末境外企业资产总额达3.1万亿美元。从对外直接投资的区位分布来看，截至2014年底，中国对外直接投资分布在全球186个国家和地区，占全球国家（地区）总数的80%，其中对亚洲地区的投资存量占比68.1%，拉丁美洲占比12%，欧洲占比7.9%，北美洲占比5.4%，非洲占比3.7%，大洋洲占比2.9%。从对外直接投资的模式选择来看，绿地投资和跨国并购均发展迅速，特别是并购活动渐趋成熟。2014年中国企业共发起595起跨国并购，涉及交易金额569亿美元，其中直接投资金额324.8亿美元，占到中国对外直接投资总额的26.4%。[①] 但是，应当看到，虽然近几年发展势头迅猛，但中国的对外直接投资整体仍处于起步阶段，特别是中国企业跨国投资和经营的整体水平和效率较低，还没有形成成熟的国际化战略，投资区位和模式的选择也具有一定盲目性，导致投资的成功率不高。根据《中国企业海外可持续发展报告2015》的调查，2014年约有75%的中国企业在海外投资的项目实现了盈利或持平，但仍有近三成中国企业的海外经营业绩处于亏损状态。

在这种背景下，中国的对外直接投资问题受到了国内外越来越多的关注。从2009年开始，由哈佛大学联合多家高校创办的"中国走向全球化（china goes global）"研究机构，已经成功举办了多次专门研讨中国OFDI相关主题的国际学术会议。世界银行在其每年发布的《全球营商环境报告》（doing business）中，也越来越重视对中国OFDI企业的调查，表明其认为中国对外直接投资在全球的重要性不断提升。美国著名的波士顿咨询管理公司，每年发布来自新兴市场国家的正在加速全球化的百强企业名单（"全球挑战者公司"榜单），其中中国的入围企业数量遥遥领先，2016年达到28家，比排名第2位的印度多出12家（见图1-1）。而且，波士顿咨询公司每年还专门出版中国跨国公司50强的调研报告。同样，国内对企业对外直接投资的重视程度也不断加深。国家商务部、统计局和外汇管理局从2003年开始官方发布《对外直接投资统计公报》，而且近年来统计的数

① 商务部、统计局、外汇管理局：《2014年度中国对外直接投资统计公报》（2015年）。

阿根廷
· Tenaris

巴西
· BRF Brasil
· Braskem
· 巴西航空工业公司（Embraer）
· 盖尔道钢铁集团（Gerdau）
· Iochpe-Maxion
· 马可波罗(Marcopolo)
· Natura
· Pecrobras
· Tigre
· 巴西工业集团（Votorantim）
· 万高公司（WEG）

智利
· 干露酒庄（Conchay Torro）
· Falabella
· 拉塔姆航空集团（LATAM）

中国
· 阿里巴巴集团
· 中国航空工业集团公司
· 中国交通建设股份有限公司
· 中国化工集团公司
· 中国东方航空集团公司
· 中国五矿集团公司
· 中国船舶重工集团公司
· 中国国际海运集装箱（集团）
  股份有限公司
· 中国中信集团有限公司
· 中国海洋石油总公司
· 中国铁建股份有限公司
· 万达集团
· 福建玻璃工业集团股份有限公司
· 浙江吉利控股集团
· 新疆金风科技股份有限公司
· 海尔集团

· 深圳迈瑞生物医疗电子股份有限公司
· 中国石油天然气集团公司
· 上海电气集团股份有限公司
· 中国中化集团公司
· 中国水利水电建设股份有限公司
· 中国中材集团有限公司
· 腾讯控股有限公司
· 天合光能有限公司
· 中国银联
· 万向集团
· 小米公司
· 中联重科股份有限公司

哥伦比亚
· Grupo Empresarial
  Antioqueno

埃及
· Elsewedy

印度
· 阿波罗轮胎公司（Apollo Tyres）
· 巴贾吉汽车公司（Bajaj Auto）
· 印度巴帝电信（Bharti Airtel）
· 雷迪博士实验室
  （Dr. Reddy's Laboratories）
· 戈德瑞消费品公司
  （Godrej Consumer Products）
· Infosys
· 拉森特博洛公司（Larsen & Toucro）
· 印度鲁宾制药公司（Lupin）
· 马亨德拉（Mahindra & Mahindra）
· Motherson Sumi Systems
· 印度信诚工业公司
  （Reliance industries）
· 印度太阳药业有限公司
  （Sun Pharmaceuticals）
· Tech Mahindra
· 印度联合碘化公司（UPL）

· Vedanta Resouroes
· 维布洛科技公司（Wipro）

印度尼西亚
· 金光农业资源公司
  （Golden Agri-Resources）
· 印多福（Indofood）

马来西亚
· 亚洲航空有限公司（AirAsia）
· Axiata Group Berhad
· 马来西亚石油公司（Petronas）

墨西哥
· 阿尔法集团（Alfa）
· Femsa
· Gruma
· Grupo Mexico
· 墨西哥化工集团（Mexichem）

摩洛哥
· Groupe OCP

秘鲁
· Alicorp
· Grupo Gloria

菲律宾
· Ayala Corp.
· DMCI Holetings
· 快乐峰（Jolibee Foods Corp.）
· Universal Robina Corp.

卡塔尔
· 卡塔尔航空公司
  （Qatar Airways）

俄罗斯
· EuroChem

· 卢科尔石油公司（Lukoil）

沙特阿拉伯
· 沙特基础工业公司（SABIC）

南非
· 阿斯潘制药
  （Aspen Pharmacare）
· 必维德斯特集团（Bidvest）
· Discovery Limited
· MTN
· 南非沙索公司（Sasot）

泰国
· 卜蜂食品
  （Charoen Pokphand Foods）
· Indorama Ventures
· PTT
· 泰国酿酒公司（ThaiBev）
· 泰国联合冷冻食品公司
  （Thai Umion Group）

土耳其
· 科奇财团（Koc Holding）
· Pegasus Airtines
· 萨班智控股公司
  （Sabanci Holding）
· 土耳其航空公司
  （Turkish Airtines）
· Yilctiz Holding

阿联酋
· 阿联酋全球铝业公司
  （Emirates Global Aluminum）
· 阿联酋阿提哈德航空公司
  （Etihad Airways）
· 阿联酋电信（Etisalat）

全球领导者和2016年"荣誉晋升挑战者"

巴西
· JBS
· 淡水河谷公司（Vale）

中国
· 华为技术有限公司
· 德昌电机
· 联想集团
· 利丰有限公司（Li & Fung）

印度
· Hindalco
· 塔塔咨询服务公司
  （Tata Consuitancy）
· 塔塔汽车公司（Tata Motors）
· 塔塔钢铁公司（Tata Steel）

印度尼西亚
· 丰益国际
  （Wilmar International）

墨西哥
· América Móvil
· 墨西哥水泥集团（Cemex）
· 宾堡集团（Grupo Bimbo）

俄罗斯
· Gazprom

沙特阿拉伯
· 沙特阿拉伯国家石油公司
  （Saudi Aramco）

南非
· 英美资源集团
  （Anglo American）
· SABMiler

阿联酋
· 阿联酋航空集团
  （Emirates Airlines）

图1-1　"全球挑战者公司"榜单

据越来越系统和完善;商务部还发布了主要国家和地区的《对外投资合作国别(地区)指南》,以供中国 OFDI 企业参考。[①] 国家"十二五"规划也赋予了中国对外直接投资更重要的地位,即"适应我国对外开放由出口和吸收外资为主转向进口和出口、吸收外资和对外投资并重的新形势",表明中国的对外投资必将在中国更深层次上融入全球经济的进程中发挥主力作用。国内外政府和学术界对中国对外投资越来越重视的诸多事实表明,对中国对外投资相关问题进行深入研究探讨,具有非常重大的现实意义。

理论方面的发展也为学者们从企业微观层面研究中国的对外直接投资问题提供了基础。随着跨国投资成为世界关注的话题以及新的跨国投资现象的出现,原有跨国投资理论已经难以满足研究的需要,对新理论的诉求不断加强,而新—新贸易理论的出现恰逢其时。自梅里兹(Melitz,2003)奠定了异质性企业贸易理论的基础以来,从企业微观层面探讨贸易的起因和结果问题成为前沿的研究领域。学者们打破了企业同质性的假设,在企业异质性假设的基础上对企业的出口、对外投资等决策进行了分析和检验,形成了数量繁多的研究成果,并逐步形成了异质性企业贸易理论的雏形,也被称为新—新贸易理论。新的研究理论的出现自然而然会影响其相关领域理论,有关跨国投资的理论研究也开始融合企业异质性贸易理论,力图从企业微观层面进行深入探讨。其中,对企业对外直接投资的区位与模式选择研究成为企业异质性 FDI 理论研究的重要方向和内容。

1.2

研究目的与意义

企业在确定国际化的发展方向以后,要面临许多重大的决策,其中有两个决策尤为重要,直接决定着企业国际化战略的成功与否:一是要到哪里去开展国际化,二是要以什么形式开展国际化,分别对应着企业对外直

---

① 王方方:《企业异质性条件下中国对外直接投资区位选择研究》,暨南大学博士论文,2012 年。

接投资的区位和模式选择决策。① 在中国经济持续转型升级，以及中国在世界经济中的位置越来越重要的大背景之下，中国企业的对外直接投资必然会面临很多挑战。本书以中国企业对外直接投资的区位和模式决策作为研究主题，具有重要的理论价值和现实意义。

首先，本书基于异质性企业贸易理论来探讨中国对外直接投资问题，对丰富和拓展中国对外投资的理论研究具有一定价值。21世纪以来，跨国公司的全球化战略表现出与以往完全不同的崭新特征，受到各国政府和学者们的极大关注，新现象的出现必然要求新的理论角度和研究方法来进行解释，对中国这样的大型新兴经济国家尤其意义重大。本书在全面梳理企业异质性FDI理论研究最新成果的基础上，从企业微观层面对中国OFDI的区位和模式选择进行系统研究，探讨中国企业OFDI决策与企业异质性特征的内在关系，进一步挖掘出中国企业对外直接投资的内外部影响因素，在一定程度上充实了中国对外投资研究的内容和广度。

其次，用企业层面数据考察中国企业对外直接投资的决策问题，有利于在明确其区位和模式选择路径的基础上，为优化中国对外直接投资的整体布局和结构提供依据。尽管中国政府对OFDI的重视程度不断提高，但其政策着眼点主要集中在宏观领域，而对微观层次的关注不够。通过运用中国企业层面数据的分析，实证检验了影响企业OFDI区位和模式选择的各项因素，进而明确了中国企业选择区位和模式的内在机理。这为中国政府更加科学、有效地引导企业开展对外直接投资，特别是从微观层面制定相关针对性政策，从而推动中国对外投资的持续优化发展提供了决策依据。

最后，从企业异质性出发探讨其对外直接投资决策的形成机制，进而归纳出中国对外投资区位与模式选择的一般规律，为企业科学合理地"走出去"提供了参考依据。随着国际经济形势的不断复杂和严峻，中国企业的对外投资也面临更多的风险和不确定性，OFDI不同区位和不同模式的差异化和优劣势明显，若选择不当会遭受巨大损失。本书通过理论分析和实

---

① 白涛等：《投资区位、进入模式选择与海外子公司存活率之间的关系——以中国企业对外直接投资为例》，载于《清华大学学报（自然科学版）》2013年第2期。

证检验，得出影响企业对外直接投资决策的主要因素，其中既包括企业层面异质性特征因素，也包括东道国层面特征因素，深入了解这些因素的不同影响方向和影响程度，为中国跨国企业今后的对外投资提供了科学指南，有利于减少企业 OFDI 决策的盲目性，从而提高企业 OFDI 的成功率和效率，更好地实现企业的国际化战略目标。

1.3

研究思路与主要内容

本书首先基于对中国对外投资快速发展的现实以及异质性企业贸易理论的出现两方面情况的考察，提出研究中国企业对外直接投资的理论基础与现实背景；然后对中国企业对外投资的现状事实，特别是对外投资区位和模式选择的典型化特征进行分析梳理；其次从理论角度对企业异质性 FDI 理论模型进行演绎和扩展，得出理论推论，并运用中国工业企业大样本匹配数据进行实证检验；最后分别从政府和企业两个角度提出中国对外直接投资的宏观和微观政策建议。全书共分为 6 章，各章主要内容如下。

第 1 章，导论。本章主要介绍理论和现实背景、研究目的与意义、研究思路与主要内容、研究方法，以及研究的主要创新点。

第 2 章，企业异质性、对外直接投资区位与模式的文献综述。本章主要围绕三个方面展开：一是梳理和归纳企业异质性与国际化经营路径选择的相关研究；二是总结基于企业异质性的 FDI 区位与模式相关研究；三是总结基于微观企业层面的中国 OFDI 相关研究；最后对现有相关文献进行简要评述。

第 3 章，中国对外直接投资的发展演变与特征事实。本章从中国对外直接投资的发展历程、规模特点、行业分布特征、主体特征，以及区位分布特点、投资模式特点等方面对中国近期的对外直接投资局面进行总结与分析，以期呈现中国海外投资发展的最新特征事实。

第4章，企业异质性视角下中国对外直接投资的区位选择。本章在以扩展的耶普尔（Yeaple，2009）、陈和摩尔（Chen & Moore，2010）模型进行理论分析的基础上，同时将东道国特征因素和企业异质性特征因素引入计量模型，并运用中国工业企业数据库和商务部境外投资企业机构名录匹配得到的样本数据进行实证检验。

第5章，企业异质性视角下中国对外直接投资的模式选择。本章在借鉴斯图潘克（Stepanok，2012）的模型并加以简化来分析企业对外投资模式选择的基础上，重点探讨了影响企业绿地投资和跨国并购两项选择的企业层面和东道国层面因素，并运用匹配样本进行详细的实证检验。同时，在扩展分析中进一步对中国企业在独资与合资之间的模式选择进行分析和检验。

第6章，结论及政策建议。本章对全书进行总结，归纳理论和经验研究得出的主要结论，分别从企业和政府层面提出有针对性的对策建议，指出研究存在的不足，并对未来研究方向进行了展望。

1.4

研究方法

为更好地实现研究目标，增强研究结论的可信度和说服力，本书结合使用理论分析与实证分析、微观层面与宏观层面分析，并综合运用对比分析等方法展开研究，具体如下：

（1）理论分析与实证分析相结合。在对中国企业的对外直接投资活动进行深入考察的基础上，探讨企业对外投资决策的一般化规律，进而将其融入现有的理论模型当中作为假设条件，对抽象出的影响变量及其相互作用关系进行理论分析；在此基础上，利用中国工业企业数据库和商务部境外投资企业机构名录匹配得到的样本数据，综合运用 Logit 模型、条件 Logit 模型、多元 Logit 模型与 Probit 模型等回归方法进行全面的实证检验，以验证理论分析结论的可靠性，使理论分析与实证分析紧密结合。

（2）微观与宏观层面分析相结合。本书主要探讨中国异质性企业对外直接投资的区位与模式选择问题，因此研究的出发点即微观视角。相应地，本书的理论分析模型和实证检验均在微观层面进行，全面探讨中国企业对外直接投资区位与模式选择的企业层面影响因素，包括企业生产率、企业规模、资本密集度、研发投入等；同时，为了使研究结论更加完整和全面，除企业异质性特征外，本书还同时考察了市场规模、文化距离、地理距离、制度环境等东道国宏观因素对企业 OFDI 决策的影响。在最后的对策建议部分，也是分别从企业微观层面和政府宏观层面提出对策，实现了微观视角与宏观视角的结合。

（3）对比分析方法。本书充分运用了对比分析法，除了对中国对外直接投资的特征事实分析中的各种对比以外，还集中表现在实证检验中的分组检验。例如，本书根据企业所有权属性将总体样本区分为国有企业与非国有企业子样本；根据企业要素密集度将其区分为资本密集型和劳动密集型子样本等。通过不同子样本间的对比分析来比较企业和东道国特征对其 OFDI 区位和模式选择的差异化影响，并对这种差异进行理论和现实解释，可以说有效拓展了本书的宽度。

1.5

研究创新点

本书尝试在异质性企业 FDI 理论的微观框架下探讨企业对外直接投资的区位和模式选择问题，可能产生的创新点有以下三个方面。

（1）本书对中国对外直接投资的特征事实进行了全面细致的分析，深入探讨了国际避税地投资、"返程投资"和"跳板投资"等问题对中国 OFDI 总体统计数据的影响，一定程度上纠正了对中国海外投资某些事实的误读。同时，重点对中国 OFDI 的区位特征和模式特征进行分层次分析，对不同区位的行业特征、不同区位的项目规模特征、不同行业的模式特征、不同区位的模式特征等进行了微观梳理，提供了对中国对外直接投资活动多角度的全新认识。

（2）本书对中国企业对外直接投资的区位选择问题进行了全面深入地分析，在拓展理论模型的基础上，运用中国工业企业数据库和商务部境外投资企业（机构）名录匹配得到的样本数据进行全方位的实证检验，检验中既包含企业异质性特征因素，又包含东道国特征因素，同时还进行了不同所有制性质、不同资本密集度、是否出口三个维度的分组检验，并进一步对区位选择的洲际特征进行扩展分析。现有中国企业 OFDI 区位选择的相关文献大多是针对其中某一个方面进行探讨，但缺乏系统的全面研究。

（3）本书对中国企业对外直接投资的模式选择问题进行了双维度研究，既探讨了企业在绿地投资和跨国并购中的二项选择，也探讨了企业在合资进入与独资进入之间的二项选择。同时，在中国工业企业数据库和商务部境外投资企业机构名录匹配得到的样本数据基础上，手动补充其 OFDI 进入模式的信息并进行实证检验，而且进行了不同所有制性质、不同资本密集度、不同国际化经验的分组检验。现有文献大多是通过搜集上市公司数据、查询公司网站、发放调查问卷等途径获得实证样本，并且主要研究企业在绿地投资和跨国并购之间的模式选择，因此无论是在样本可靠性还是在考查的全面性方面，本书都要更进一步。

第 2 章

企业异质性、对外直接投资区位与模式的文献综述

对外直接投资是企业国际化进程中一个十分重要的步骤，而在特定的国外市场选择正确的进入方式是企业国际化运营中最重要的决策之一。从20世纪60年代开始，国外学者已经开始对跨国公司的投资活动进行多角度的研究，并且形成了垄断优势理论（Hymer，1960）、内部化理论（Buckley & Casson，1977）、产品生命周期理论（Vernon，1966）、国际生产折衷理论（Dunning，1976）等经典跨国投资理论，以及解释发展中国家对外投资的边际产业扩展理论（小岛清，1978）、小规模技术理论（Wells，1983）、技术地方化理论（Lall，1983）等。其中，关于对外直接投资区位和模式选择问题的研究，是跨国投资研究中的重要方向和内容，同样积累了丰富的研究成果。在异质性企业贸易理论出现以后，有关 FDI 的理论研究也开始融合该理论的核心内涵，从而拓宽了研究维度，取得了新的理论发展。本书主要关注企业异质性视角下中国企业对外直接投资的区位和模式选择问题，因此，重点对基于企业异质性的对外直接投资相关研究文献进行回顾、梳理和述评。

2.1

企业异质性与国际化路径选择：HMY 模型及其扩展研究

自梅里兹（2003）发表开创性的研究成果之后[1]，越来越多的学者打破传统的企业同质性假设，开始从企业异质性这一出发点开展研究，该领域的研究也迅速成为国际经济研究的前沿热点。其中，赫尔普曼等（Help-man et al.，2004）在马库森（Markusen，1984）的"就近—集中取舍"（proximity-concentration tradeoff）框架的基础上引入企业异质性，从企业微观层面分析推导出国际化企业在产品出口和对外投资之间的选择问题，其理论模型（称为 HMY 模型）成为后续很多学者进行拓展研究的基础模型，其模型结论成为很多学者开展实证检验的对象。

2.1.1　HMY 模型

赫尔普曼、梅里兹和耶普尔（Yeaple，2004）在其论文 *Export versus FDI with heterogeneous firms* 中对梅里兹（2003）经典模型进行了拓展，在企业出口与国内销售之外加入了另外一种选择：对外投资。赫尔普曼等（2004）将企业异质性假设引入马库森（1984）的"就近—集中取舍"框架中，同时假设存在固定替代弹性（CES）效用函数形式和贸易的冰山成本，探讨了开放环境下不同生产率水平的企业在国内销售、出口和对外投资之间的选择。研究发现：在对外投资成本高于出口贸易成本的情况下，最高生产率水平的企业会选择对外投资，中间生产率水平的企业会进行出口，而最低生产率水平的企业只在国内销售。[2]

根据赫尔普曼等（2004）的模型，企业需要在出口和对外投资的不同

---

[1]　梅里兹（2003）模型把企业生产率异质性内生到克鲁格曼（1980）垄断竞争和规模报酬递增条件下的贸易模型中，利用霍彭海恩（1992）的垄断竞争动态产业模型来解释产业内异质性企业的内生选择，探讨了贸易对产业内再分配和产业生产率的影响。

[2]　刘军：《异质性视角下服务企业对外直接投资动机研究》，武汉理工大学博士论文，2014 年。

优势之间进行取舍，对外投资的优势在于可以通过当地就近生产节省运输费用等贸易成本（就近优势），出口的优势在于可以通过在母国进行集中规模化生产降低成本，而且节省了对外投资的固定成本（集中优势）。因此，模型假设企业在不同的国际化阶段所要承担的不同成本分别为：企业进入的固定成本 f_E，在国内生产的成本 f_D，产品出口的固定成本 f_X，产品出口的可变成本 τ（贸易的冰山成本），对外投资的固定成本 f_I，均采用需要的劳动力数量来衡量。假设企业技术水平是外生给定的，每个企业从具有相同密度分布函数的生产率集中随机选择某个生产率，相应的边际劳动成本为 a：

$$G(a) = \Pr[\,\tilde{a} \leq a\,] = (a/a_{\max})^k, 0 < a \leq a_{\max} \qquad (2.1)$$

假设存在 N 个国家和 $H+1$ 个部门，其中有一个部门生产一种同质化产品，1 单位产出需要 1 单位劳动力，另外 H 个部门生产差异化产品，部门间效用函数用 C-D 形式表示：

$$U = q_l^{\beta_l} \prod_{h \neq l} \left(\int_{\Omega_h} q_h(\omega)^{\frac{\varepsilon_h}{\varepsilon_{h-1}}} d\omega \right)^{\frac{\varepsilon_h}{\varepsilon_{h-1}} \beta_h} \qquad (2.2)$$

其中 $\sum_{h=1}^{H+1} \beta_h = 1$，$\beta_h$ 表示花费在 h 类差异化产品上的支出，ε 表示替代弹性。假设各部门生产的规模报酬不变，并且可以进行自由贸易，那么就能最终实现国家间的要素价格均等化。可以推导出产品的需求函数和价格：

$$q_h^j(a) = \beta_h E^i \left(\frac{p(a)}{P_h^j} \right)^{-\varepsilon} \qquad (2.3)$$

$$p(a) = \frac{\varepsilon}{\varepsilon - 1} \omega^i a \qquad (2.4)$$

其中 E^i 代表国家 i 的总需求。通过综合比较上述各类成本，企业就可以做出其国际化方式的决策。由于边际生产成本是不变的，企业会根据在特定市场所获取的净利润进行权衡选择：

$$\begin{aligned}
\pi_D^i(a) &= (a)^{1-\varepsilon} B^i - f_D \\
\pi_X^{ij}(a) &= (\tau^{ij} a)^{1-\varepsilon} B^i - f_X \\
\pi_I^{ij}(a) &= (a)^{1-\varepsilon} B^j - f_I
\end{aligned} \qquad (2.5)$$

其中 $B^i = \dfrac{\beta_h}{\varepsilon} E^i (P_h^i)^{\varepsilon-1}$ 表示国家 i 的需求水平。赫尔普曼等（2004）做出如下假设：

$$f_D < (\tau^{ij})^{\varepsilon-1} f_X < \left(\frac{\omega^j}{\omega^i}\right)^{\varepsilon-1} f_I \qquad (2.6)$$

其中，左边的不等式能够保证生产率最低的企业只会在国内市场销售，右边的不等式能够保证生产率最高的企业才会进行对外直接投资，自然生产率处于中间水平的企业会进行出口。可以将不同生产率水平企业选择不同方式的利润水平用图形进行表示（见图 2-1）。

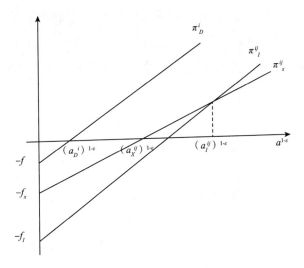

图 2-1　异质性企业国内销售、出口和对外投资利润对比

自 HMY 模型提出之后，大量学者对 HMY 模型的结论展开实证检验。其中，针对发达经济体的检验占了大多数，例如吉尔马等（Girma et al.，2004、2005）对爱尔兰和英国、瓦格纳（Wagner，2006）对德国、涅夫西（Nefussi，2006）和恩格尔等（Engel et al.，2010）对法国、卡斯泰拉尼和赞飞（Castellani & Zanfei，2007）对意大利、亚萨尔和保罗（Yasar & Paul，2007）对土耳其、耶普尔（Yeaple，2009）对美国、若彬和田中（Wakasu-gi & Tanaka，2009）对日本分别进行了检验。另外，也有少数学者对发展

中国家进行了实证检验，例如若彬和张（Wakasugi & Zhang，2012）对中国、巴塔查里亚等（Bhattacharya et al.，2012）对印度的检验。整体来看，大多数实证检验的结果证实了 HMY 模型的结论，但也有一些检验得出了模棱两可甚至完全相反的结论。

此外，还有一些学者在实证检验中得到了更加丰富的结论。例如，达米扬等（Damijan et al.，2007）运用 1994～2002 年斯洛文尼亚制造业企业的数据检验发现，HMY 模型的结论在本国企业投资到高收入水平的东道国时才得到证实，而在低收入水平的东道国不显著；陈和摩尔（Chen & Moore，2010）运用 1993～2001 年法国制造业企业的数据检验发现，高生产率企业相比低生产率企业更愿意到投资环境较差的国家进行投资；木村和清田（Kimura & Kiyota，2006）运用 1994～2000 年日本制造业和服务业企业的数据检验发现，具有最高生产率水平的企业一般会同时采用出口和对外直接投资的国际化路径。[①]

2.1.2　HMY 模型的扩展研究

同梅里兹（2003）模型相似，HMY 模型也是建立在许多假设条件之上的。例如，国家间的劳动力要素价格均等化，企业生产率是外生给定的，东道国市场规模完全相同等。这些假设在满足模型简化需要的同时，也因为与现实的不符性而削弱了模型的解释力。因此，后来的学者们逐渐放松了这些假设，将一些本来定义为外生的因素作为内生变量加入模型，从而实现了对 HMY 模型的多方面扩展。其中最重要的扩展包括三个方面：一是对要素价格均等化假设的扩展，二是对东道国相似性假设的扩展，三是对企业生产率外生假设的扩展。

海德尔和里斯（Head & Ries，2003）拓展了 HMY 模型的劳动力价格均等假设以使模型框架更符合现实状况，并采用日本制造业企业的样本数

据进行检验发现：企业会因为动机不同而选择差异化的国际化路径。如果企业对外投资的动机是获取东道国廉价劳动力要素，那么在东道国劳动力更便宜的条件下，生产率较高的企业会采用出口方式，而生产率较低的企业会到东道国进行投资。穆克吉和玛吉特（Mukherjee & Marjit, 2009）也探讨了国家间劳动力价格差异对企业国际化路径的影响。他们认为工会的存在会对一国的工资水平产生影响，进而影响企业的国际化决策。他们将工会变量引入 HMY 模型进行分析发现：如果母国和东道国都存在工会，那么即使东道国劳动力价格高于母国，高生产率企业也会倾向于采用出口方式，而低生产率企业倾向于采用对外投资方式。

　　除了拓展要素价格均等化假设以外，许多学者还拓展了东道国相似性的假设，探讨了东道国市场规模、政策环境等方面的差异性带来的企业国际化路径差异。涅夫西（Nefussi, 2006）重点考察了东道国市场规模对企业国际化路径选择的影响，他不再假设 CES 效用函数，而是借鉴奥塔维亚诺等（Ottaviano et al., 2002）的线性需求函数引入了可变的价格需求弹性，在梅里兹和奥塔维亚诺（2008）模型中纳入"就近—集中取舍"进行分析。结果发现：当国际物流成本和母国工资水平提高，或者当对外投资成本和东道国工资水平下降时，企业更愿意选择对外投资的国际化方式；而东道国市场规模的影响在于，高生产率企业会在规模较大的市场进行直接投资，而对规模较小的市场采用出口方式。为了更好地利用国外资金促进本国经济发展，绝大多数国家都制定了针对性的支持政策来吸引国外投资。因此，一些学者专门考察了东道国政策环境对企业国际化路径选择的影响。乔尔（Chor, 2009）将东道国政策变量引入 HMY 模型，重点分析了东道国引资的补贴政策对企业国际化决策的影响，发现当补贴逐渐提高时，生产率较高的企业会从出口供应东道国市场转变为对东道国进行直接投资。

　　还有学者对企业生产率外生给定的假设进行了拓展。拉蒙多等（Ramondo et al., 2013）将生产率变动引入 HMY 模型，从动态视角考察生产率变动对企业国际化路径选择的影响。他们构建了一国—多国的一般均衡模型并进行分析发现：当东道国市场需求较大并且工资水平也较高时，如果母国与东道国整体生产率水平负相关，那么生产率较高的企业会选择出口方式；如果东道国的生产率水平具有很强的波动性，那么生产率较高的企业也会选择出口方式。康科尼等（Conconi et al.，2013）也从动态角度对企业国际化路径选择的发展变化进行了研究，他们在 HMY 模型的基础上构建了不确定性条件下的动态数理模型。分析发现，企业在国际化战略开展之前，由于对国际市场缺乏了解，倾向于采用资源承诺较小的出口方式进入国际市场，以降低风险；在经过一段时间的国际化经营之后，绩效较差的亏损企业只能无奈退出国际市场，而表现优秀的企业会通过对外直接投资进一步巩固国际市场地位，表现中等的企业则维持出口状态。因此整体来看，企业的国际化路径表现出动态发展变化的特征。

另外，刘易斯（Lewis，2013）探讨了东道国货币稳定性对企业国际化路径选择的影响。在 HMY 模型的基础上，假设出口企业的产品使用母国货币来计价，而对外投资企业的产品使用东道国货币来计价，在这种情况下，东道国货币的波动会增大企业面临的风险，因此生产率较高的企业更愿意选择出口方式来规避货币风险。他进一步使用美国 1999～2007 年的企业数据进行了实证检验，发现东道国较高的通货膨胀率确实与企业选择对外直接投资方式有显著的负相关关系。

2. 2

基于企业异质性的 FDI 区位与模式相关研究

FDI 的区位和模式选择问题一直是跨国投资研究中的重要内容。特别是 20 世纪 90 年代以后，经济全球化和区域经济一体化深入发展，世界范围内资本流动的规模越来越大也越来越频繁，学术界对该问题的重视程度也不断提高，众多学者从不同维度研究跨国投资的区位和模式选择问题，相关理论不断得到拓展和创新。① 近年来，在异质性企业贸易理论出现以

---

① 李轩：《跨国公司对外直接投资区位选择理论研究进展述评及展望》，载于《东北师大学报（哲学社会科学版）》2015 年第 3 期。

后，学者们开始在新的理论框架下考察跨国投资的区位选择和进入模式问题，形成了一批研究成果。

2.2.1 企业异质性与 FDI 区位选择研究

传统的跨国企业 FDI 区位选择研究，主要以邓宁的 OLI 研究范式为基础，将母国和东道国各种宏观因素纳入区位选择模型，后来逐渐吸收了新经济地理学的主要思想与研究方法，近年来又开始结合异质性企业贸易理论的框架，将跨国企业的 FDI 区位选择研究维度转移到微观层次，强调企业异质性特征导致的不同 FDI 区位选择。

异质性企业贸易理论出现以后，学者们开始将企业异质性因素纳入研究框架，分析其对企业跨国投资区位选择的影响。但最早考察的企业异质性因素不是生产率，而是企业规模。贝尔德伯斯和卡瑞（Belderbos & Carree，2002）使用 1990 ~ 1995 年日本电子产业 229 家企业在中国投资的样本数据进行实证检验，结果发现企业规模与其跨国投资区位选择具有显著的正相关关系，企业的规模越大，越有可能对东道国进行投资，规模越小，越倾向于只在国内销售。

随着异质性企业贸易理论和 FDI 理论相关研究的不断深入，近年来的跨国投资区位选择研究除关注企业生产率水平对投资区位选择的影响以外，还进一步关注了企业生产率与其跨国投资区位选择的自选择效应。耶普尔（2009）对 HMY 模型进行了延伸，并使用 1994 年美国制造业企业样本数据进行实证检验，结果表明：企业生产率越高，其海外投资的规模越大，并且子公司的收入水平越高，这可以理解为集约边际的扩大；同时，拥有较高生产率水平的企业超过了大部分国家的生产率进入门槛值，因此可以到更多国家开展投资，这可以理解为企业自选择效应带来的扩展边际的扩大。陈和摩尔（2010）在耶普尔（2009）的基础上更进一步，不仅探讨了企业异质性特征对其跨国投资集约与扩展边际的影响，而且同时考察了东道国特征对异质性企业 FDI 区位选择的影响。他们使用法国 1993 ~ 2001 年

的制造业企业数据进行了实证检验，结果表明：企业的自选择效应确实在
FDI区位选择中发挥了作用，而且，具有较高生产率水平的企业更有能力
和意愿到营商环境较差的东道国进行投资。

还有一些学者重点考察了某一国家或地区的对外投资企业的区位选择
问题。阿瓦和李（Awa & Lee，2008）同时考察了企业、行业和东道国三个
层次的跨国投资区位影响因素，结果表明：拥有最高生产率水平的企业会
进行跨国投资，而且能够同时对中国和美国市场展开投资。在更加细分的
比较上，在美国市场投资的企业生产率显著领先于在中国进行投资的企业
生产率。洪（Hong，2009）采用中国开展绿地投资的企业样本数据进行实
证检验。结果表明：企业异质性特征和东道国特征共同对其跨国投资的区
位选择产生影响。随着企业劳动密集度的提高，东道国工资水平对企业跨
国投资区位选择的影响逐渐加深，而东道国通信网络等基础设施的建设水
平，对信息技术密集型企业的区位决策具有显著作用。格拉斯尼（Grasse-
ni，2007）通过对在意大利进行FDI的跨国企业的研究发现，投资到发达
经济体的跨国企业的生产率水平明显比投资于发展中经济体的跨国企业要
高。铉和胡尔（Hyun & Hur，2011）使用韩国企业层面数据检验了企业异
质性对其国际化决策的影响，结果表明：高生产率企业相比低生产率企业
更有能力到条件恶劣的国家和地区开展直接投资。加塔伊等（Gattai et al.，
2016）考察了金砖国家跨国企业的对外直接投资行为，结果发现：那些拥
有超过5家国外子公司、投资于发展中国家的跨国企业表现明显好于其他
跨国企业。[1]

另外，马蒂等（Marti et al.，2015）构建了一个企业对外直接投资区
位选择的理论模型，表明跨国企业区位选择主要受到其自身特征（生产率
水平、研发或人力资本密度）和东道国特征（固定进入成本、可变生产成
本和市场潜力）的影响。他们使用欧洲国家跨国企业的样本数据进行了实
证检验，结果表明：更高的投资成本会对欧洲跨国企业到欧洲以外地区投

---

[1] 徐清：《金融发展、生产率与中国企业对外直接投资》，南开大学博士论文，2014年。

资产生明显的负向影响，并且对这种负向影响进行了排序，到拉丁美洲地区的投资受投资成本的负面影响最大，之后依次是北美、中国和印度。而企业生产率水平的提高对其进入欧洲以外市场具有积极影响，同样这种正向影响对于不同东道国和地区的作用程度不同。除生产率以外，实证研究还表明，研发密度等因素也对企业的国际投资区位选择具有显著影响。

2.2.2　企业异质性与 FDI 进入模式研究

在 HMY 模型中，假设企业在东道国投资时需要负担建设厂房的固定成本，因此这种类型的投资从模式上分类属于绿地投资，即跨国企业将其各类生产要素转移到东道国来组建生产线。但实际情况是，近年来的全球资本流动中，跨境并购才是跨国企业海外投资的主要形式，这就使 HMY 模型的适用性受到限制。因此，一些学者将跨境并购形式的 FDI 活动进行抽象归纳然后引入 HMY 模型，对企业异质性条件下的跨国投资模式选择展开多方面的理论研究和实证检验。

诺克和耶普尔（Nocke & Yeaple，2007）建立了一个异质性企业国际化组织形式的一般均衡模型，对异质性企业在绿地投资与跨境并购之间的选择进行研究。他们认为传统的"就近—集中取舍"研究中没有考察企业的不可流动能力，而不可流动能力会对企业的进入模式选择产生显著影响。理论模型的分析发现：当企业的一些能力进行跨国转移的难度增加时，企业更有可能选择跨境并购的进入模式；如果企业能力大部分为可流动能力，那么拥有较高生产率的企业会倾向于选择跨境并购的进入模式；如果企业能力大部分为不可流动能力，那么生产率较高的企业会倾向于选择绿地投资的进入模式。在此研究基础上，诺克和耶普尔（2008）又进一步对异质性企业的跨国投资模式选择进行深入探讨，并得出了更丰富的结论：一般来说，选择绿地投资进入模式的企业生产率高于选择跨境并购模式的企业。母国和东道国的生产成本差距越大，企业选择绿地投资模式的概率越大；母国经济发展水平越高，企业越倾向于选择跨境并购模式。

斯图潘克（Stepanok，2012）在迪克西特—斯蒂格利茨（Dixit-Stiglitz）垄断竞争模型的基础上探讨异质性企业在绿地投资和跨境并购之间的选择，他们指出，企业开展跨境并购的主要动机是获取高效率、先进技术和管理经验等。通过模型分析得出结论：两国在地理上越临近，一国企业在另一国选择绿地投资模式的概率越高；绿地投资和跨境并购一般是同时进行的，而且两国之间会进行相互的交叉投资。斯比罗特（Spearot，2011）则通过构建异质性企业的投资模型，考察了产品需求结构在企业跨境并购与绿地投资选择中的作用，结果发现：如果产品之间的替代弹性小于1，那么生产率处于中间水平的企业倾向于采用绿地投资；如果产品之间的替代弹性等于1，那么生产率最高的企业倾向于选择跨国并购。

还有学者重点考察了东道国市场竞争程度、税收制度、腐败情况、金融环境、收入水平等因素对企业对外直接投资模式的影响。米勒（Müller，2007）重点考察了东道国市场竞争程度的影响并发现：在市场竞争非常激烈或者非常缓和的两端情况下，企业均更倾向于采用绿地投资的模式，只有当市场竞争处在中间水平时，企业才会选择跨国并购的模式。贝克尔和菲斯特（Becker & Fuest，2011）通过理论模型分析了税收对海外投资模式选择的影响，发现：东道国税率的提高还促使企业更多地采用绿地投资模式进入市场，但会减少总的海外投资企业数量。如果单独对开展跨国并购的企业进行征税，则能一定程度上减弱税率提高的上述影响，但会导致企业税负过重。艾卡（Ayca，2012）重点考察了东道国腐败状况对进入模式选择的影响，通过一个两国两企业两部门模型进行分析发现：东道国腐败程度的增加会提高企业采用跨国并购进入市场的概率，降低绿地投资的概率，但对外投资企业的国际化经验有助于减弱腐败的影响。①

拉夫等（Raff et al.，2007）构建了企业 FDI 方式的选择模型，考察企业在并购、绿地投资和合资三种方式之间的选择。模型中包含两家东道国企业和一家进行对外投资的跨国企业，两家东道国企业分别是跨国企业的

---

① 刘军：《异质性视角下服务企业对外直接投资动机研究》，武汉理工大学博士论文，2014 年。

潜在被收购对象和潜在合资伙伴。研究表明：绿地投资的收益不仅直接影响 FDI 模式的选择，而且会通过影响潜在的并购目标，以及潜在的合资伙伴的行为而对 FDI 模式选择产生间接影响。当并购和合资方式的固定成本足够低时，即使绿地投资是一个可行的选择，企业也会更倾向于选择并购而不是绿地投资，更倾向于选择合资而不是并购。原因在于绿地投资的预期盈利能力能有效降低潜在被收购企业的收购价格，提升潜在合资伙伴企业的合作意愿。

在理论研究的基础上，一些学者运用企业样本数据进行了实证考察，并且得出了差异化的结论。边恩等（Byun et al.，2012）运用 1990～2009 年 40 个发展中国家的数据对东道国多项因素进行了重点考察，结果发现：跨境并购活动受到外部因素的影响要明显强于绿地投资；东道国金融环境越好，收入增长越快，跨国企业越倾向于采用绿地投资方式。除了上面提到的影响因素之外，还有学者通过实证分析重点考察了东道国市场规制对跨国投资企业进入模式决策的影响。例如，希钦等（Hijzen et al.，2006）采用 1990～2001 年 23 个 OECD 国家制造业企业样本进行检验并得出结论：东道国关税水平与企业选择跨国并购模式负相关，特别是对垂直型并购的影响更为显著。布迪耶和洛查德（Boudier & Lochard，2013）使用 Thomson 数据库提供的 1985～2007 年企业并购样本数据，发现：东道国服务业管制越少越能吸引跨国企业来此进行跨国并购活动。

2.3

基于微观企业层面的中国 OFDI 相关研究

西方发达国家的大型跨国公司已经积累了丰富的跨国投资经验，而中国的跨国公司还处在国际化发展的初级阶段。在当前全球经济复苏乏力，保护主义日益兴起的背景下，中国企业的对外投资面临更大的挑战和不确定性，因此也吸引了中外学者对中国 OFDI 问题的关注和研究，形成了丰富的研究成果。

学术界关于中国企业对外直接投资的研究，数量众多，主要集中在以下方面：现状和前景分析（赵春明，2004；李辉，2007；薛求知、朱吉庆，2007；巴克利等，2008），影响因素分析（托伦蒂诺，2010；张宏、王建，2009；张为付，2008；刘阳春，2008；邱立成、王凤丽，2008；陈松、刘海云，2012；李磊、包群，2015；慕绣如、李荣林，2016；余官胜、都斌，2016），发展路径和阶段分析（高敏雪、李颖俊，2004；刘等，2005；邱立成、于李娜，2005；陈漓高、黄武俊，2009；黄武俊、燕安，2010），投资管理体制分析（张洁颖、周煊，2007；安瓦尔，2010；罗等，2010；李众敏，2010；王铁栋、王莉丽，2010），贸易、资本形成、技术进步等经济效应分析（蔡锐、刘泉，2004；张应武，2007；王英、刘思峰，2008；唐心智，2009；赵等，2010；白洁，2009；纂建红、魏庆广，2009；项本武，2009；邹玉娟、陈漓高，2008；谢杰、刘任余，2012；蒋冠宏、蒋殿春，2014；乔晶、胡兵，2015；杨亚平、吴祝红，2015），投资动机分析（冼国明、杨锐，1998；邓，2007；张，2009；王跃生，2007；代中强，2008）等。根据本书的研究主题，下面主要对基于企业异质性的中国 OFDI 区位和模式选择的相关研究进行回顾。

2.3.1　基于企业层面的中国 OFDI 区位选择研究

大体来看，传统上中国企业对外直接投资的区位选择研究主要遵循两条路径，一种是基于国际生产折衷理论的 OLI 范式，从企业对外直接投资的动机出发，着重考察东道国的市场规模、地理距离、经济情况等因素，并结合投资国自身的具体情况进行分析（程和马，2007；张和钱，2009；程惠芳、阮翔，2004；项本武，2005；胡博、李凌，2008；何本芳、张祥，2009；李猛、于津平，2011；宋维佳、许宏伟，2012；罗伟、葛顺奇，2013；刘凯、邓宜宝，2014；余官胜，2015）；另一种可以称为 ESP 范式，主要关注投资东道国的环境（environment）、体制（system）、政治（policies）等对跨国投资的影响①（巴克利等，2007；宋，2011；江心英，2004；贺书锋、郭羽诞，2009；韦军亮、陈漓高，2009；刘宏、汪段泳，2011；王海军，2012；张雨、戴翔，2013；谢孟军、郭艳茹，2013；肖文、周君芝，2014；池建宇、方英，2014；潘镇、金中坤，2015；孟醒、董有德，2015）。

近年来，随着企业层面数据的逐渐公开，以及异质性企业贸易理论的兴起，学者们开始从微观企业层面、采用微观数据对企业对外投资的区位选择问题进行理论和实证分析。其中企业层面的样本数据主要来自两个方面：一是上市公司样本数据；二是通过匹配《中国工业企业数据库》和商务部境外投资企业（机构）名录得到的样本数据。

一些学者在异质性企业贸易理论的框架下，通过对经典模型进行拓展，重点考察不同生产率水平、不同投资动机的中国企业 OFDI 的区位选择问题。王方方、赵永亮（2013）在扩展的企业异质性模型基础上，将企业对外直接投资分为贸易引致型与水平型两类，并使用中国 10126 个企业样本数据实证检验对外投资的区位分布，结果显示：企业更倾向在亚洲地区进行贸易引致型对外投资，在非洲、拉美与大洋洲地区进行水平型对外直接投资，而在欧美地区没有明显的偏好。陶攀、荆逢春（2013）使用2003～2007 年中国企业数据进行检验，发现中国企业对外直接投资的自选择效应显著，生产率水平与投资目的国数量成正比，东道国市场规模与企业直接投资概率成正比。肖慧敏、刘辉煌（2012）将地理距离因素融入企业异质性模型，并采用 2000～2010 年中国企业的 1052 个对外投资样本进行实证检验，结果表明地理距离与生产率门槛值成正比，生产率水平较低的企业只能就近投资，高生产率企业才有可能选择距离较远的国家进行直接投资。

宗芳宇等（2012）建立了一个针对发展中国家企业对外投资区位选择的研究框架，重点考察了双边投资协定、东道国制度环境与母国制度的影

---

① 缪娟：《中国对外直接投资的区位选择研究》，云南财经大学硕士论文，2011 年。

响，并基于中国上市公司 2003～2009 年对外直接投资的数据进行实证检验，结果发现：双边投资协定的签订能显著吸引企业到签约国投资；双边投资协定能在一定程度上提高东道国的制度环境水平，对于推动企业到制度环境恶劣的东道国投资具有更显著的正向影响；双边投资协定还能抑制母国国内对不同类型企业的差别待遇，显著促进非国有企业的对外直接投资。[①]

另外一些学者从微观企业层面重点考察了东道国因素对其 OFDI 的影响。陈丙利（2015）利用 2003～2013 年中国上市公司对外直接投资数据，实证分析了东道国国家风险对中国企业对外直接投资区位选择的影响。研究发现：东道国风险对不同投资动机的对外投资企业表现出差异化影响，资源寻求型对外投资企业对风险的承受能力更强，而市场寻求型对外投资企业规避风险的意识很强，战略资产寻求型对外投资企业没有表现出明显倾向；不同类型的企业对东道国风险反应不同，国有企业 OFDI 属于风险偏好型，而民营企业则是风险规避型。余官胜、林俐（2014）利用浙江省样本数据从东道国角度研究吸引我国企业对外直接投资集群的各类因素。研究发现：浙江省企业更愿意向市场规模不大、收入水平较高、经济增速更快、资源更丰富的国家，特别是与中国保持良好经贸关系的国家进行集群对外直接投资；距离较远、政府行政较为腐败的国家也易于吸引浙江省企业的集群对外直接投资；与发达国家不同，在发展中国家东道国中，较大的市场规模和较低的人均收入反而更能吸引浙江省企业的集群。阎大颖（2013）基于截至 2012 年 148 家年销售收入大于 1000 万美元的中国跨国公司在境外设立的 600 余个分支，揭示了对外直接投资区位选择的若干主要决定因素：其一，在区位优势方面，东道国的市场潜力、廉价劳动力、自然资源和战略资产禀赋均对吸引外资有较大的影响作用；其二，在制度因素方面，东道国的经济制度对跨国公司对外直接投资的区位选择决策影响最明显；其三，东道国的服务业发展水平、通讯能力和外资开放度对 OFDI

---

① 张慧、黄建忠：《中国对外直接投资区位理论研究综述》，载于《首都经贸大学学报》2014 年第 7 期。

的区位选择也有重要影响。

王永钦等（2014）以中国 2002~2011 年间在全球范围内进行的 842 笔对外直接投资作为样本，研究了东道国六类制度性因素对中国企业对外投资区位选择的影响。研究发现，与其他国家的跨国公司相比，中国跨国企业并不十分在意东道国政治稳定度，而更在乎东道国政府效率、监管质量和腐败控制，并且不太喜欢到法律制度苛刻的国家投资；同时，中国的对外投资还带有明显的避税和获取资源的动机。郑莹等（2015）基于沪深两市制造业上市公司 2006~2010 年对外直接投资数据实证分析发现：文化距离和正式制度风险对中国企业对外直接投资区位选择具有负向影响，且正式制度风险的负向影响在企业具有较丰富的 FDI 经验或较多的国际股权联盟联系时减弱；而文化距离的负向影响只在企业具有较丰富的 FDI 经验时才有所降低。余官胜、都斌（2016）利用浙江省企业数据以及世界银行发布的《世界发展指数》中的东道国宏观经济数据，构建排序模型进行实证研究，发现融资约束越大的对外直接投资企业倾向于选择 GDP 规模较小、经济发展水平较低以及技术相对落后的东道国，限制了东道国的选择范围。

还有学者考察了不同性质企业在 OFDI 中区位选择的差异。邱立成、杨德彬（2015）利用 2005~2013 年中国上市公司对外直接投资的数据实证分析了国有企业和民营企业在对外直接投资区位选择上的不同。研究结果表明：国有企业 OFDI 倾向于进入自然资源丰富的国家，尤其是发展中国家。而民营企业 OFDI 区位选择则主要受东道国市场规模和战略资产影响，其中，对发展中国家的投资更多属于市场寻求型，而对发达国家的投资更多属于战略资产寻求型。

2.3.2 基于企业层面的中国 OFDI 进入模式研究

关于我国企业 OFDI 进入模式的研究早期以定性分析为主，主要探讨进入模式选择的影响因素（陈浪南等，2005；周长辉，2005；李洋，2009；黄速建、刘建丽，2009；崔等，2009）。近几年，随着我国企业对外直接投资实践的跨越式发展，关于我国企业 OFDI 进入模式的实证研究也逐渐丰富。虽然不同学者的研究方法不同，但基本思路是将影响 OFDI 市场进入模式的变量分为内部变量和外部变量。外部变量以市场因素为主，包括市场竞争程度、政策环境因素等；内部变量则包括投资动机、投资能力和经验等因素。

这些实证研究的数据来源主要有四个渠道，各有优缺点。一是中国官方统计的非公开数据，学者们通过与政府合作课题等途径获取，但不具有普遍性，而且多为地方性数据；二是主要东道国关于中国企业投资的统计数据，例如德意志银行统计了中国企业在德国的商业数据，美国商务部国际贸易局（ITA）统计了各国对美直接投资的企业层面数据，但该类数据只限于某一个东道国或地区；三是来自 Zephyr 等商业数据库的数据①，这些数据是基于公司或项目的微观数据，但这类数据库主要统计的是并购交易的数据样本；四是研究者通过问卷调查、网站查询、上市公司年报查询等手段收集的样本资料，但这种数据一般来说样本数量有限。②

阎大颖（2008）使用欧洲专业并购信息提供商 Zephus 公司提供的 Zephyr 全球并购交易分析库数据，实证检验了中国 OFDI 企业在跨国并购和合资新建两种模式之间的选择，结果表明：东道国的各项制度约束越严格，企业选择合资进入的概率越高；企业的国际经验越丰富，其选择跨国并购的概率越高。李平、徐登峰（2010）通过问卷调查收集了 132 份企业对外投资的样本数据，实证检验了母国企业能力、目标企业并购价值、东道国产业环境、东道国经济制度环境等因素对进入模式选择的影响。结果显示，技术优势、公司国际化程度越高，企业越倾向于采用绿地投资的方式，东道国资本市场发展越成熟，企业越倾向于选择跨境并购的方式。

周经、张利敏（2014）基于 2001～2012 年中国 88 个跨国企业 325 个

---

① Zephyr 数据库是国际知名的兼并收购数据库，收录了全球各行业 100 万余条并购交易数据，每年能新增约 10 万条数据，数据可追溯至 1997 年。

② 司月芳、李英戈：《中资跨国公司对外直接投资研究述评》，载于《经济问题探索》2015 年第 12 期。

对外投资样本，利用 Logit 模型实证检验了中国跨国企业对外投资模式选择的特征及影响因素。研究发现：中国与东道国正式制度距离越大，中国企业越倾向于选择绿地投资的进入模式，而非正式制度距离对其进入模式选择没有显著影响。之后，周经、刘厚俊（2015）又基于中国跨国企业 2002 ~ 2013 年中国 90 个跨国企业 400 个对外投资样本数据，研究制度距离、人力资源等因素对企业 OFDI 模式选择的影响。结果表明：中国与东道国非正式制度距离与中国新进国际化企业的绿地投资决策之间为倒 U 型关系；随着正式制度距离的逐渐扩大，企业会越来越倾向于选择绿地投资的方式；中国与东道国的人力资本差距越大，有国际化经验的企业会更愿意选择跨境并购的方式。张玉明、神克会（2015）以 2007 ~ 2013 年 4 个制造业行业发生对外直接投资的 103 家上市企业为样本，研究了制度约束、文化距离、国际化经验对制造业企业 OFDI 进入模式选择的影响。实证分析发现：文化距离、国际化经验变量与企业采用跨国并购的进入模式显著正相关；而制度约束变量与企业采取绿地投资的进入模式正相关。

吴崇、蔡婷婷（2015）选取 2001 ~ 2013 年 175 家中国制造业企业海外直接投资样本对中国制造业上市公司海外投资进入模式及绩效进行了实证分析。研究发现：交易成本变量中资产专用性、投资不确定性分别对中国跨国公司采用全资子公司、合资的进入模式起到积极的影响；实物期权变量中经济不确定性、战略弹性分别对中国 MNE 采用合资、全资子公司进入模式起到积极的影响。綦建红、杨丽（2014）采用最具代表性的 KSI 指数测度文化距离，并通过问卷调查、实地调研和上市公司年报 3 个渠道获取了 2004 年以来中国 82 家企业 267 个对外直接投资的项目数据，结果表明：文化距离对跨国投资多样化和平行模式选择具有显著的直接影响，并且文化距离越大，企业选择跨国并购的概率就越高；文化距离对跨国投资控制程度选择的影响不够显著；文化距离通过母公司因素对进入模式选择产生的间接影响很显著，而通过东道国因素产生的间接影响不显著。

还有一些学者专门研究了中国企业在特定东道国或地区进行直接投资的模式选择问题。许晖（2003）通过对在荷兰投资的中国企业的问卷调查得到样本数据，同时考察了宏观因素和微观因素对进入模式选择的影响，分析发现：宏观影响变量中，东道国特征变量的影响显著大于母国特征变量的影响；而微观影响变量中，企业的国际化经验的影响最为重要。张一弛（2003）运用美国商务部国际贸易局（ITA）统计的 1974～1994 年中国对美国直接投资的企业层面数据进行分析，发现中国的企业在进入美国市场时有各自偏好的投资模式，但总体来说跨国并购是使用最广泛的方式。尹盛焕（2004）通过对投资韩国的中国企业进行问卷调查获取数据，重点考察了企业所有权优势对其 OFDI 进入模式选择的影响，结果发现：企业营销能力越强，其选择独资进入的概率越高；技术能力越强其选择合资进入的概率越高；财务能力的影响不显著。[①] 吕萍、郭晨曦（2015）基于中国上市公司对欧盟主要发达国家（德国、英国、法国、荷兰和意大利）对外直接投资的数据（涉及 837 家企业 1382 条投资记录），从所有权结构、董事会结构和管理层激励三方面研究了治理结构对企业海外市场进入模式决策的影响机制。结果表明：国有股比例较高、监事会规模较大的企业更有可能选择绿地投资；高管报酬总额比例较高的企业更有可能选择并购；独立董事比例较高的企业更有可能选择合资。

2.4

现有研究评价

现有文献从多个维度、采用不同方法探讨了跨国企业对外投资的区位和模式选择问题，并且表现出两种显著的发展趋势。一是从经济因素发展到非经济因素的研究。传统的研究文献主要考察经济因素对跨国投资区位和模式选择的影响，而随着世界政治经济形势的不断发展变化，尤其是经济全球化和区域经济一体化的深入发展，学者们开始尝试从多维度特别是非经济因素维度解释跨国公司的对外直接投资决策。例如从母国与东道国

---

① 丁婉玲：《中国制造企业对外直接投资的动机与进入模式研究》，浙江大学博士论文，2011 年。

的双边特征（双边协定、贸易政策，文化距离等）的视角，从心理距离、习惯效应、投资动因的视角等。二是从宏观层面发展到微观层面的研究。传统的研究文献均将跨国投资企业看作同质化个体，整体探讨其跨国投资的区位和模式选择问题。近些年来，特别是异质性企业贸易理论出现以后，很多学者从微观的企业层面深入分析跨国公司对外投资的决策问题。例如从企业的生产率、资本密集度、研发投入、国际化经验等对其 OFDI 区位和模式选择的影响角度展开分析。

目前，虽然国内外学者对基于企业异质性的跨国投资问题，特别是中国企业对外直接投资的区位与模式选择问题形成了较为丰富的研究成果。但是从研究成果的系统性和完成度等方面来看，目前相关研究仍存在一些不足和亟待扩展的领域，主要表现在以下三个方面：

第一，异质性企业贸易理论自出现以后就一直是国际贸易乃至跨国投资领域的研究热点和前沿，但由于该理论的发展时间较短，目前还远没有达到成熟和系统，相关结论也有待实践的检验，这也是很多学者不同意其被称作"新—新贸易理论"的原因。具体到跨国投资领域，目前异质性企业贸易理论与传统跨国投资理论的结合度不高，而且整体的理论进展相对滞后。特别是与新经济地理理论（NEG）等相关前沿理论没有形成紧密关联，在从企业异质性视角分析跨国投资的区位和模式选择时，缺乏对空间效应的探讨。[①] 总体来看，目前对基于企业异质性的跨国投资理论，特别是企业异质性视角下跨国投资的区位及模式选择问题，还缺乏深入系统的理论研究。

第二，目前国内学者对中国对外直接投资问题的研究，基本还是沿用西方相关研究的理论框架，还没有形成基于中国现实提炼的理论模型。具体到对外投资区位和模式选择问题的研究方面，现有文献主要还是在已有理论框架下加入中国特征的影响因素进行分析，没有从根本上改变理论模型的内在机制。而且，现有研究大多是分别对区位选择和进入模式两个问

---

① 王方方：《企业异质性条件下中国对外直接投资区位选择研究》，暨南大学博士论文，2012 年。

题进行分析探讨，得到的理论和实证结论也是相对独立，忽略了二者之间的相互联系和影响，缺乏对两个问题的全面、系统地整合研究，更没有将二者纳入统一的分析框架。因此，跨国企业区位选择和进入模式的一体化研究是未来该领域研究的一个重要方向。

第三，从相关实证研究使用的样本来看，对中国企业层面 OFDI 微观数据的获取，仍是企业对外直接投资研究中的一大难题。如前所述，近年来学者们开始从微观层面探讨中国企业 OFDI 问题，相应的实证研究的样本也开始使用企业层面数据。但是，目前对于中国 OFDI 区位选择问题的研究，学者们较多地使用《中国工业企业数据库》和境外投资企业（机构）名录匹配得到的样本数据；而对于中国 OFDI 模式选择问题的研究，学者们主要还是使用通过访谈、问卷调查和个案研究收集的样本数据。这些数据的质量和数量相比以前有了较大程度的提高，但严格来说仍无法满足进一步深化研究的需要，特别是通过访谈和问卷调查等手段获得的企业样本数据带有较大的主观随意性。

总体而言，当前学者们对基于企业异质性的跨国投资区位和模式选择的研究，特别是聚焦于中国情况的研究，在理论研究和经验研究方面均有待完善。本书在对企业异质性视角下中国对外直接投资的区位和模式选择进行理论探讨的基础上，结合中国企业层面大样本数据的实证检验，对中国企业对外直接投资的两项重要决策进行全面系统的研究，探索其区位与模式的普遍规律，试图为中国政府相关政策的出台和中国企业投资策略的制定提供参考和依据。

第 *3* 章

中国对外直接投资的发展
演变与特征事实

近年来，中国的对外直接投资迅猛增长，呈现出明显的"蛙跳"特征。从 20 世纪八九十年代的极度落后到当前的逐步领先，呈现出戏剧性的转变。对中国对外直接投资现状的把握是进一步展开研究的直观判断基础，因而本章从中国对外直接投资的发展历程、规模特点、行业分布、主体特征，以及区位分布特点和投资模式特点等方面对中国近期的对外直接投资格局进行总结与分析，以期呈现中国海外投资发展的最新特征事实。

3.1
中国对外直接投资的发展历程

中国企业海外投资的历史，明显表现出阶段性的发展特征，而在不同的发展阶段，制度性调整和完善的印迹十分清晰。因此，基于中国企业对外投资发展和相应政策演进的脉络，我们将中国对外直接投资历程分为四个发展阶段，每个阶段在投资规模、投资主体、投资区位和模式等方面都表现出不同的特征。

3.1.1 起步探索阶段 (1979~1984 年)

1978 年 12 月党的十一届三中全会召开, 第一次确立了以经济建设为中心的改革目标, 又进一步提出打开"国内和国外两个市场"、运用"国内和国外两种资源"的开放政策。1979 年 8 月, 我国出台《关于经济体制改革十五项措施》, 首次提出"出国办企业"的号召, 正式把发展对外投资作为一项国家政策。至此, 中国企业走出国门开展海外投资的大幕正式拉开。1979 年 11 月, 北京市友谊商业服务公司与日本东京丸一商事株式会社合资在日本东京开办了中华人民共和国成立后第一家境外合资企业——京和股份有限公司。随后, 中国船舶工业总公司、中国银行、中信公司等相继开展境外投资项目。[①] 1984 年党的十二届三中全会出台《关于经济体制改革的决定》, 再次明确"对内搞活、对外开放"的整体战略, 给我国企业对外直接投资的发展起步奠定了政策基础。

但在这一时期, 由于我国开放的主要目的还是引进国外资金和先进技术, 所以国家对带来资本流出的对外直接投资限制较多。中国政府对对外投资的企业实行严格的审批制度, 只有一小部分国有企业被允许进行对外投资活动, 而且对这些对外投资活动的投资金额、投资方式等决策均进行审批管理。由于当时我国的经济体制改革处于摸索中前行的阶段, 即使是国有企业也面临着资金约束, 而且缺乏海外投资经验, 所以真正意义上自主开展对外直接投资的企业少之又少, 绝大部分对外投资都是执行国家海外战略的需要。在此阶段, 我国对外直接投资额无论存量还是流量都很小, 6 年间只有113 个境外投资项目, 累计对外直接投资金额只有 3.06 亿美元(见表 3 - 1)。这一阶段, 中国内地企业的对外直接投资主要分布在中国香港和中国澳门地区以及周边发展中国家。尽管此时对外直接投资的规模都相对较小, 但境外投资总体上开始起步并向前发展。

---

① 梁莹莹:《中国对外直接投资决定因素与战略研究》, 南开大学博士论文, 2014 年。

表 3 - 1　　　　　　1979～1984 年中国对外直接投资情况

年份	1979	1980	1981	1982	1983	1984	合计
境外项目数量（项）	4	13	13	13	33	37	113
中方出资额（万美元）	53	3187	260	4400	9300	13400	30600

资料来源：历年《中国对外贸易统计年鉴》，联合国贸发会议网站数据库。

3.1.2　稳步推进阶段（1985～1991 年）

在经济快速发展与改革开放战略持续推进的背景下，1985～1991 年间，中国的对外直接投资实现了稳步增长。1985 年中国对外直接投资额达到 6.29 亿美元，是上年的 4.7 倍；1991 年中国对外直接投资总额再创新高达 9.13 亿美元。这一时期，中国政府适当放宽了对外直接投资政策，在 1985 年出台了《关于在境外开办非贸易性企业的审批程序和管理办法》，将过去的境外投资个案审批发展为制度性审批，实现了对外投资管理体制上的一小步跨越。[①] 在此背景下，越来越多的企业迈出了对外直接投资的步伐，开始在海外设立分支机构。由于中国企业普遍缺乏国际化经验，中国政府还为"走出去"企业提供优惠贷款、人员培训、投资介绍等各项配套支持，有力推动了企业境外投资。可以说，受益于对外投资管理体制的不断完善，中国的对外直接投资在这一时期实现了稳步推进，7 年间共开展了 895 个境外投资项目，投资总额超过 50 亿美元（见表 3 - 2）。

表 3 - 2　　　　　　1985～1991 年中国对外直接投资情况

年份	1985	1986	1987	1988	1989	1990	1991	合计
境外项目数量（项）	76	88	108	141	119	156	207	895
中方出资额（亿美元）	6.29	4.50	6.45	8.50	7.80	8.30	9.13	50.97

资料来源：历年《中国对外贸易统计年鉴》，联合国贸发会议网站数据库。

---

① 张兵：《中国制造业对外直接投资的动因、区位选择及绩效》，南开大学博士论文，2013 年。

在这一阶段，中国的对外直接投资表现出明显的升级特征。一是投资的行业范围不断扩展，由之前的境外办事处、加工生产装配等项目逐步扩展至境外资源开发、加工制造、交通运输服务等行业领域；二是投资的区域范围不断扩展，由之前的周边发展中国家和地区逐步扩展到美国、日本等部分发达国家；[1] 三是投资主体更加多样化，由之前的仅限于大型国有企业逐步扩展到大中型制造企业和一些综合性金融公司。[2]

3.1.3　管理扩张阶段（1992～2000 年）

1992 年初，邓小平在南方谈话中指出应加快改革开放，中国拉开了进一步深化经济体制改革的序幕。中共十四大明确提出建立社会主义市场经济体制的改革决定，要"积极扩大我国企业的对外投资和跨国经营"。1998 年，党的十五届二中全会指出："组织和支持一批有实力有优势的国有企业走出去，到国外去，主要是到非洲、中亚、中东、中欧、南美等地投资办厂"。在这一时期，地方政府出于各种动机也开始支持本地区企业进行海外投资，特别是向香港地区的直接投资或是股权投资。但是，这类投资企业大多缺乏明确的国际化发展战略，许多项目是为了获取优惠政策或者短期利润，因此海外经营的效率普遍较低。在这种背景下，中国政府开始收紧外汇管制和境外项目审批，逐步整顿一些以套取国家利益为目的的对外投资，特别是严加控制为非法资本转移服务的对外投资，管理并引导境外投资逐步向规范化方向发展。[3] 因此，这一阶段我国对外直接投资额虽然相比上一阶段有显著增长，但波动起伏也较大。1992 年对外直接投资额达到 40 亿美元，是 1991 年的 4 倍多，但 2000 年又降回到了 1992 年以前的水平（见表 3 - 3）。

---

① 尹德先：《加快中国企业对外直接投资的战略研究》，上海社会科学院博士论文，2012 年。
② 梁莹莹：《中国对外直接投资决定因素与战略研究》，南开大学博士论文，2014 年。
③ 于世海：《中国对外直接投资与产业升级互动机制研究》，武汉理工大学博士论文，2014 年。

表 3 - 3				1992 ~ 2000 年中国对外直接投资情况					
年份	1992	1993	1994	1995	1996	1997	1998	1999	2000	合计
境外项目数量（项）	1363	1657	1763	1882	1985	2130	2396	2616	2859	18651
中方出资额（亿美元）	40.00	44.00	20.00	20.00	21.14	25.62	26.34	17.74	9.15	223.99

资料来源：历年《中国对外贸易统计年鉴》，联合国贸发会议网站数据库。

这一阶段的对外直接投资，投资主体仍以国有企业为主，但民营企业开始逐渐加入，并稳步提升其所占比重。这一变化得益于我国市场经济体制改革的深入推进和对外开放进程的持续加快，民营企业逐步发展壮大，并开始探索国际化发展道路。截至 2000 年底，中国境外投资区域已经扩展到世界 160 多个国家和地区。而且，中国对外直接投资的行业范围进一步扩大，资源开发、加工制造、交通运输等行业的投资规模不断增大，实现整体对外投资的多元化发展。

3.1.4　迅猛发展阶段（2001 年至今）

随着中国对外开放战略的持续深化实施，以及 2001 年中国正式加入世界贸易组织（WTO），中国的改革与对外开放进入崭新阶段。2000 年 10 月，党的十五届五中全会首次明确提出"走出去"战略，并把它作为四大新战略（西部大开发战略、城镇化战略、人才战略和"走出去"战略）之一。2002 年党的十六大再次明确"实施'走出去'战略是对外开放新阶段的重大举措，鼓励和支持有比较优势的各种所有制企业对外投资"。2005 年党的十六届五中全会进一步指出"支持有条件的国内企业走出去，依照国际通行的规则到国外进行直接投资"。2007 年党的十七大提出要创新对外投资合作方式，2012 年党的十八大提出要进一步加快"走出去"步伐，并努力提高企业核心竞争力和国际化经营能力。[①] 这些战略规划的制定和实施，为中国对外直接投资的迅猛发展奠定了良好基础。

除了政策基础，这一阶段中国对外投资的迅猛发展还得益于整体的经

---

① 许杨敏：《我国对外直接投资发展阶段、模式及策略研究》，浙江大学硕士论文，2014 年。

济发展态势。2001 年中国外汇储备超过 2000 亿美元，并且之后十年以年均超过 30% 的速度增长。这种情况下，政府对外汇的管制也逐步放开，对外投资审批也开始逐渐简化。另外，随着能源资源和基础性原材料战略重要性的逐步提高，中国政府也开始有意识地加快海外获取资源的战略布局，而国有企业的海外资源型投资在其中发挥了重要作用。2004 年我国出台《关于投资体制改革的决定》，明确提出改革项目审批制度，落实企业投资自主权，区别不同情况实行核准制和备案制①，标志着我国对外直接投资的管理制度进入新的阶段。2005 年中国开始实施汇率制度改革，人民币汇率稳步提升，使中国企业对外直接投资的成本大幅下降。2006 年外汇管理局发布《关于调整部分境外投资外汇管理政策的通知》，取消了境外投资购汇额度的限制，完全放开了境外投资外汇资金审查。②

这一阶段我国对外直接投资稳步、快速增长，规模持续大幅扩大，形成了"全方位、宽领域"的国际化格局，投资区域遍布 186 个国家和地区。对外直接投资流量由 2001 年的 4.3 亿美元迅速增长到 2014 年的 1231.2 亿美元，年均增长率高达 54.5%。2008 年金融危机以后，中国对外直接投资仍能保持年均10% 以上的增长。2014 年，中国对外直接投资流量创下 1231.2 亿美元的历史最高值，同比增长 14.2%，连续 3 年位列全球第 3 大对外投资国（见图 3 - 1）。

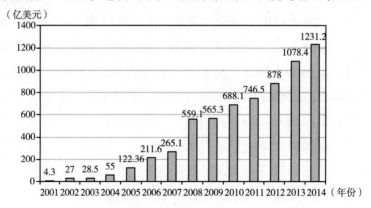

图 3 - 1　2001 ~ 2014 年中国对外直接投资流量

---

①　敦忆岚：《新时期中国企业对外投资问题及对策研究》，中国社会科学院博士论文，2014 年。
②　中国国际贸易促进委员会经济信息部：《我国"走出去"战略的形成及推动政策体系分析》，2007 年。

3. 2

中国对外直接投资的特征事实

无论从流量还是存量来看，目前中国的对外直接投资都已经在全球占据重要位置。本节主要从总体规模、行业分布和投资主体三个方面分析和总结目前中国对外直接投资的基本现状和主要特征。

3.2.1　中国对外直接投资的规模特征

中国官方自 2003 年开始公开对外直接投资宏观数据，之后中国对外直接投资实现连续 12 年快速增长。其中，2010 ~ 2014 年的年均增长速度达 15.7%。截至 2014 年末，中国对外投资存量为 8826.4 亿美元，较上年大幅提高了 33.6%，位列全球第 8 位，比上年提升 3 位，首次步入全球前 10 行列。与此同时，中国对外直接投资与吸引外资首次接近平衡，中国即将成为资本净输出国（见图 3 - 2）。然而，中国对外直接投资存量同发达国家相比仍有较大差距，仅相当于美国同期存量的 14%，德国和英国的 55.7%，法国的 69%，日本的 74%。这表明中国的对外直接投资增速快，但全球占比仍不高，仍有较大提升潜力。

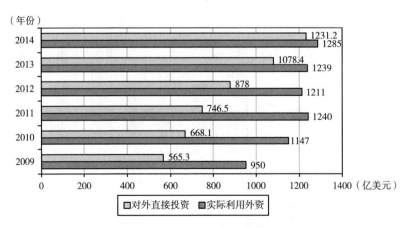

图 3 - 2　2009 ~ 2014 年中国双向直接投资对比

　　当然，中国实际的 OFDI 规模很可能存在一定程度的高估。现有文献用来评估中国对外直接投资规模的数据来源主要有四个：商务部、统计局和外汇管理局每年发布的《中国对外直接投资统计公报》（以下简称《统计公报》），联合国贸发会议每年发布的《世界投资报告》，美国企业研究所和美国传统基金会设立的"中国全球投资跟踪"（China Global Investment Tracker）数据库，以及经济合作组织（OECD）有关国际直接投资的统计数据。这四个数据源采用的计算方法和统计口径不尽相同，但以《统计公报》显示的 OFDI 规模为最大。[①] 进一步地，《统计公报》以联合国贸发会议《世界投资报告》提供的数字为基数，指出中国的 OFDI 流量和存量在2014 年分别占到全球的 9.1% 和 3.4%，分别位居第 3 位和第 8 位。但事实上，中国官方的 OFDI 统计并不具有国际可比性，因为其标准定义和方法并未完全采用测量 FDI 的世界标准（OECD，2008）。例如，中国官方统计的对外直接投资的资金量只是其年度流量的总数，考虑到某些案例中的撤资和国外利润的再投资问题，真正的外商直接投资额度很可能被估计过高。另外，近年来国内热钱的流出也进一步推高了中国 OFDI 的数值（见图 3 - 3）。

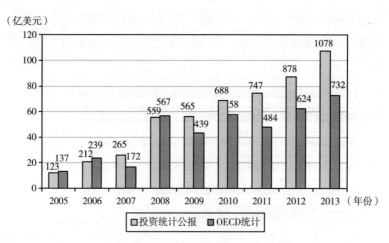

（亿美元）

图 3 - 3　2005 ~ 2013 年中国对外直接投资流量不同统计

---

　　① 盛思鑫、曹文炼：《中国对外直接投资情况的再评估》，载于《宏观经济研究》2015 年第 4 期。

另外,"返程投资"和"跳板投资"的问题也会使统计数字的准确性降低。其中,"返程投资"是指为了享受对外国投资者的优惠待遇,中国内地企业先以对外投资的形式转移到中国香港、新加坡、开曼群岛、英属维尔京群岛等地,然后再以外商投资的形式流回国内;"跳板投资"是指以中国香港、新加坡等地区为投资中转地向第三地进行对外投资。根据一些学者(肖,2004;萨瑟兰,2009)的估算,中国内地企业投往中国香港和一些避税港的 OFDI 中有 40% 左右的比例属于返程投资。还有学者如斯瑟斯(Scissors,2015),认为中国内地企业对中国香港地区的大部分投资都属于"跳板投资",即以中国香港为投资中转地的对外投资,而中国内地企业对中国香港地区的投资长期以来都超过对外直接投资总流量的 50%。

从中国企业对外直接投资的平均规模来看,"中国与全球化智库"(CCG)整理了中国企业 2002 ~ 2015 年的对外直接投资样本,通过分析发现中国企业对外投资规模普遍在 1 亿 ~ 10 亿美元之间,占总投资的 60% 左右(见表 3 - 4)。海外资产和跨国指数方面,《2015 世界投资报告》显示,2014 年全球排名前 100 名的非金融类跨国公司的平均海外资产为 826.6 亿美元,海外资产占资产总额的比重为 60%;平均海外收入 613.2 亿美元,海外收入占总收入的 66%;平均海外员工 9.6 万人,海外员工占员工总数的 57%,跨国指数约为 60%。中国企业的国际化水平虽然不断提升,但与全球顶尖跨国公司相比,仍存在较大差距。根据相关统计,中国排名前 10 的非金融类跨国经营企业平均海外资产为 569.7 亿美元,平均海外收入为 550.9 亿美元,平均跨国指数为 27.1%;排名前 100 的非金融类跨国经营企业平均海外资产为 89.3 亿美元,平均海外收入 82.1 亿美元,平均海外员工 7547 人,平均跨国指数仅为 15.6%。

表 3 - 4　　　　　　　　　中国企业对外直接投资规模情况

投资规模	2002 ~ 2007 年		2008 ~ 2013 年		2014 ~ 2015 上半年		合计
	国企	民企	国企	民企	国企	民企	
1 亿美元以下	11	19	5	26	38	209	308
1 亿 ~ 10 亿美元	106	17	560	161	60	152	1056

续表

投资规模	2002~2007年		2008~2013年		2014~2015上半年		合计
	国企	民企	国企	民企	国企	民企	
10亿~100亿美元	29	4	176	26	35	47	317
100亿美元以上	0	0	2	0	5	1	8

资料来源：中国与全球化智库（CCG），《中国企业全球化报告（2015）》。

对于判断一国的对外投资发展水平是否与其经济发展程度相匹配，联合国贸发会议（UNCTAD）提出了三项指标：第一个是对外直接投资流量占GDP的比重；第二个是对外直接投资流量占对外贸易总额的比重；第三个是对外直接投资流量占国内固定资产总值的比重。总体来说，这三个指标基本吻合，本书仅选用第一个指标来对中国OFDI的发展水平进行分析。如图3-4所示，中国2001~2014年历年OFDI流量占国内生产总值的比重2008年之前都低于1%，2008年金融危机以后才突破1%的比重，这种水平与世界平均水平和发达国家水平相比较差距明显，而且低于发展中国家的平均水平，意味着目前中国对外直接投资与总体经济的发展水平不相匹配。特别是，中国对外直接投资流量占当年GDP的比重大约只达到发展中国家整体水平的1/2。但是，我们也应当看到，从总的发展趋势来看，发展中国家的整体比重趋于下降，而中国的比重一直在稳步提高。

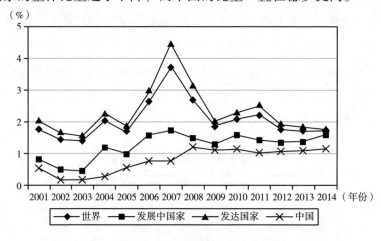

图3-4 2001~2014年中国及世界OFDI流量占GDP比重

3.2.2　中国对外直接投资的行业分布特征

从中国对外直接投资的行业分布来看，截至 2014 年底，租赁和商业服务业是第一大对外投资行业，占比高达 36.5%。但是，一般来说，该行业的对外直接投资主要为下一步的实体投资服务，不涉及雇佣、生产、投资等实体经济活动，只负责企业的重大决策、资产管理、协调管理下属各机构等活动，这部分投资很大程度上是避税、"返程"和"跳板"等策略型投资。金融业是中国对外直接投资第二大行业，占比达到 15.6%，其投资动机很大程度上属于跟随型投资，即跟随开展对外投资的原有国内客户进入国外市场并提供金融服务。采矿业是中国对外直接投资的第三大行业，占比达到 14%，其投资动机主要是获取国外能源和资源，特别是大型国有企业为执行国家资源战略而到资源富集国家和地区开展的投资。批发零售业是中国对外直接投资的第四大行业，占比达到 11.7%，主要是通过在国外建立代表处等机构来获取当地市场信息，实现对外贸易规模的扩大（见图 3 - 5）。①

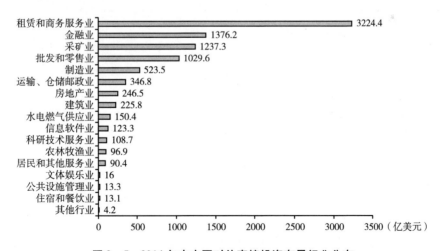

图 3 - 5　2014 年末中国对外直接投资存量行业分布

---

①　朱华：《中国对外直接投资：新格局和新特点》，载于《国际经济合作》2012 年第 1 期。

　　由于行业间存在着规模差异，有些资本密集型行业企业的对外投资规模很大（比如金融业、采矿业），仅根据投资额来分析中国对外直接投资的行业特征会产生一定误导，一定程度上夸大了这些行业的重要性。因此，我们再来结合海外投资企业数量的行业分布状况来考察 OFDI 的行业特征。按照投资企业数量的行业分布计算，2014 年末，中国的对外直接投资企业主要集中在批发零售业（29.5%）、制造业（20.6%）、租赁与商务服务业（13.1%）、建筑业（7.3%）等行业（见表 3－5）。另外，根据"中国与全球化智库"（CCG）的调查数据，规模在 1 亿～10 亿美元之间的对外投资项目行业分布相对较为分散，在采矿业、制造业、交通运输业、房地产业等领域均有分布；而 1 亿美元以下规模的对外投资项目主要分布在通信、媒体和科技等行业，这表明许多中小企业开始通过对外投资来获取先进技术等战略资产，力图提升企业核心竞争优势。

表 3－5　　　　　　　　　2014 年末中国境外企业行业分布情况

行业	数量（家）	比重（%）
批发和零售业	8759	29.5
制造业	6105	20.6
租赁和商务服务业	3902	13.1
建筑业	2168	7.3
采矿业	1494	5.0
农林牧渔业	1356	4.6
科学研究和技术服务业	1226	4.1
信息传输、软件和信息技术服务业	856	2.9
交通运输、仓储和邮政业	838	2.8
居民服务、修理和其他服务业	764	2.6
金融业	608	2.0
房地产业	569	1.9
电热、燃气、水的生产和供应业	323	1.1
住宿和餐饮业	286	1.0
文化、体育和娱乐业	272	0.9

续表

行业	数量（家）	比重（%）
水利、环境和公共设施管理业	91	0.3
其他	82	0.3
合计	29699	100.0

资料来源：商务部、统计局、外汇管理局，《2014 年度中国对外直接投资统计公报》。

另外，根据"中国全球投资跟踪"数据库的相对更标准的行业分类，2005～2014 年中国的对外直接投资重点分布在两大行业：一是能源和电力行业，占比达到 44.2%；二是金属矿业，占比达到 20.3%（见表 3-6）。二者总共占比达到 64.5%，也就是说，中国对外直接投资的一半以上分布在资源能源领域，资源获取型对外直接投资是目前中国最重要的投资类型。随着中国经济发展水平的持续提高、"一带一路"倡议的深入推进、金砖国家开发银行与亚洲基础设施投资银行等新兴国际金融机构的建立，以及人民币国际地位的不断提升，未来中国的对外直接投资将持续快速发展，在能源、矿产、电力、交通、建筑、金融等领域的基础设施投资将会持续增多。[①]

表 3-6　　　　　2005～2014 年中国对外直接投资流量的行业分布

行业部门	对外直接投资（亿美元）	占全部 OFDI 的比例（%）
能源和电力	2476	44.2
金属矿业	1134	20.3
房地产和建筑	509	9.1
金融	446	8.0
交通	283	5.1
农业	251	4.5
高新技术	185	3.3
化工	69	1.2
旅游	53	0.9
其他	191	3.4
总计	5596	100

资料来源：China Global Investment Tracker。

---

① 盛思鑫：《中国对外直接投资的理论解释与思考》，载于《海外投资与出口信贷》2016 年第 1 期。

3.2.3　中国对外直接投资的主体特征

早期的中国对外直接投资以国有企业为主导。国有企业依靠庞大的规模和资金实力，以及国家政策的倾斜和支持，在中国对外直接投资的起步和发展壮大进程中一直占据主导，发挥了巨大作用。但随着近年来国际经济形势急剧变化、国内经济下行压力增大、资源环境约束不断加大，以及劳动力等要素价格持续升高，民营企业开始积极拓展海外市场，进行全球采购、生产、销售，积极建立国际产业价值链。同时，中国政府不断简化对外投资审批程序，创造更便利化的对外投资环境，也在很大程度上促进了民营企业的对外直接投资。近年来，民营企业对外投资的整体规模迅猛增长，投资企业数量也屡创新高，已经成为中国对外直接投资的重要组成部分。① 下面分别从不同投资主体的数量金额、地区来源、区位选择、投资方式、投资规模等方面进行分析。

从对外直接投资企业的数量比重来看，2014 年末，中国对外直接投资企业达到 1.85 万家，其中有限责任公司占比最大，达到 67.2%，是中国对外直接投资的第一主力；其次为私营企业，占比 8.2%；国有企业紧随其后，占比 6.7%，连续多年比重下滑。另外，外资企业和中国港、澳、台企业也为中国的对外直接投资贡献了一分力量，其中外商投资企业占 2.6%，港、澳、台商投资企业占 1.8%。

从对外直接投资企业的地区来源来看，2014 年末，中央企业数量为 559 家，仅占 3%，各省份的地方企业占据绝大部分比重。对外直接投资企业数量排名前十位的地区分别为：广东、浙江、江苏、上海、山东、辽宁、北京、福建、黑龙江、天津，这十个省市的对外投资企业占中国全部 OFDI 企业的 76%。广东境内投资者数量最多，超过 4200 家，占 23%；其次为浙江，占 12.5%；江苏位列第三，占 10.6%。近七成的私营企业投资者来

---

① 王辉耀：《民营企业成为中国企业"走出去"的主力军，越来越多的民营企业占据全球价值链高端》，http://blog.caijing.com.cn/expert_article-151436-87518.shtml，2005 年 11 月。

自浙江、广东、上海、江苏、山东五省。

从对外直接投资企业的金额比重来看，截至 2014 年末，中国对外非金融类投资存量为 7450.2 亿美元，其中，国有企业占 53.6%，虽然依然处于主导地位，但同前些年相比持续下降；非国有企业占 46.4%，同前些年相比稳步提升，已接近国有企业占比，表明近年来中国对外直接投资的主体结构持续优化（见图 3-6）。

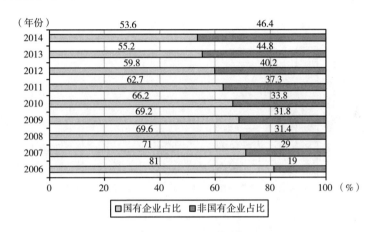

图 3-6　2006~2014 年国有企业和非国有企业对外投资存量比重

从不同投资主体的区位选择来看，中国国有企业特别是央企的对外投资项目重点分布在发展中国家和欠发达经济体，特别是在能源资源领域（石，2014）；而民营企业越来越多地展开对发达经济体的直接投资，而且占据着越来越重要的位置。2014 年末中国境外企业资产总额前 100 强中，华为、中信、吉利、大连万达、复星国际、万科、中兴通讯、三林万业、美的、联想、西安迈科、万向集团、上海万向资源、金地等 14 家非国有控股的企业榜上有名。

从不同投资主体的投资方式来看，在较大规模的中国跨国企业中，民营企业会比国有企业更多地通过开曼群岛和英属维尔京群岛等国际避税港进行对外直接投资（Leotta，2012），这种投资方式除了能够避税之外，同时也可绕开中国和投资对象国的某些制度监管。与国际避税港相比，一部分国有企业会更多地选择中国香港作为跳板进而向发达国家实施投资。近年来，中国的国有企业，尤其是地方国有企业，在与境内外的民营企业合作实施对外投资方面也积累了不少的经验，有效地促进了中国的对外直接投资发展。另外，根据《2013 年中国企业对外投资情况及意向调查报告》，中国非国有企业选择全资新建、部分并购和建立代表处的比例高于国有企业，而国有企业选择合资新建和全资并购的比例高于非国有企业（见图 3 - 7）。

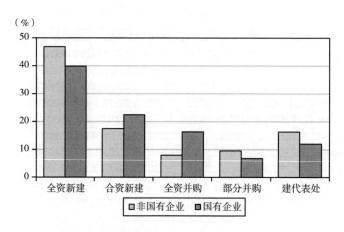

图 3 - 7　国有和非国有企业对外投资模式比较

从不同投资主体的投资规模来看，2013 年中国国际贸易促进委员会对 1056 家企业展开问卷调查，其中参与对外直接投资的企业有 333 家，比例约为 1/3。参与调查的国有企业中有 45% 已经开展对外直接投资，非国有企业中 29% 已经开展对外直接投资。比较企业对外投资的金额（美元）可以看出，截至 2012 年末，一半以上的非国有企业对外直接投资额在 10 万 ~ 500 万美元之间，而国有企业的对外直接投资额多数在 100 万 ~ 5000 万美元之间，因此无论是投资总量还是平均规模，国有企业都明显大于非国有企业（见图 3 - 8）。①

可以预见，未来中国对外直接投资的发展，将逐渐从少数大型国有企业支撑的总量增长，向更多民营企业参与其中，且投资行业和地区不断扩

---

① 中国国际贸易促进委员会：《2013 年中国企业对外投资情况及意向调查报告》。

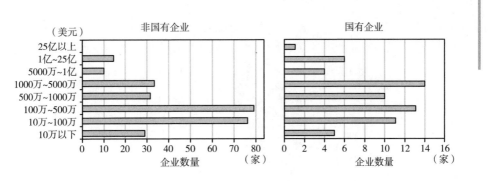

图 3 - 8　国有企业和非国有企业对外投资规模比较

展的整体方向转变，这在一定程度上可以看作是集约边际向扩展边际的转变，从数量增多向质量提升的转变。

3.3

中国对外直接投资的区位特征

无论从发展历程还是发展现状来看，中国内地企业的对外直接投资都表现出一些明显的区位特征，除了国际避税地以外，呈现出向美国、澳大利亚、新加坡等重点区域集中的态势。同时，在不同地区的投资也表现出不同的行业和主体特征。

3.3.1　中国对外直接投资的总体区位特征

2014 年末，中国对外直接投资存量分布在全球的 186 个国家（地区），占全球国家（地区）总数的 79.8%。其中，中国在亚洲的投资存量为 6009.7 亿美元，占 68.1%；拉丁美洲 1061.1 亿美元，占 12%；欧洲 694 亿美元，占 7.9%；非洲 323.5 亿美元，占 3.7%；北美洲 479.5 亿美元，占 5.4%；大洋洲 258.6 亿美元，占 2.9%（见图 3 - 9）。

单纯从统计数字来看，中国对外直接投资存量的八成分布在发展中经济体。2014 年末，中国在发展中经济体的投资存量为 7281.68 亿美元，占

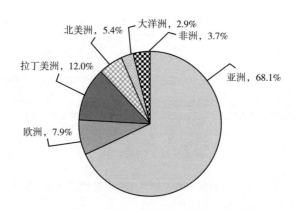

图 3 - 9 2014 年末中国对外直接投资存量各洲分布

82.5%。在发达经济体存量 1352.51 亿美元，占 15.3%，其中欧盟 542.1 亿美元，占发达经济体投资存量的 40.1%；美国 380.11 亿美元，占 28.1%；澳大利亚 238.82 亿美元，占 17.6%；加拿大 77.89 亿美元，占 5.7%；挪威 52.24 亿美元，占 3.9%；日本 25.47 亿美元，占 1.9%。2014 年末，中国对外直接投资存量前 20 位的国家（地区）累计达到 7872.52 亿美元，占中国对外直接投资存量的 89.2%。

但是，如果将中国香港排除在外，则中国内地企业的 OFDI 其实主要还是流向发达国家。2014 年末，中国内地企业对外直接投资存量前三位的地区分别是中国香港、英属维尔京群岛和开曼群岛，三地比重达到 68.4%。对于流向香港地区的投资，毋庸置疑可以充分发挥地缘和文化相通的优势。除此以外，对外直接投资集中在这三地的原因可能还有两个：第一，在三地投资后再以外商投资者的身份向国内投资，以享受国内对外资企业的优惠待遇，当然，近年来国内对外资的超国民待遇已逐步取消，这种"返程投资"的收益已越来越小；第二，利用避税地开放自由的经营环境和极其优惠的税收政策，为企业在全球调配资金和资源服务，例如，以香港等地区为投资中转地向第三地的"跳板投资"。① 将流向这三地的投资排除以后，则中国内地企业对外直接投资前 8 位的国家和地区分别是美

---

① 朱华：《中国对外直接投资：新格局和新特点》，载于《国际经济合作》2012 年第 1 期。

国、澳大利亚、新加坡、卢森堡、英国、俄罗斯、法国和加拿大，占比分别为 13.6%、8.6%、7.4%、5.6%、4.6%、3.1%、3.0% 和 2.8%。

另外，从境外企业的国家（地区）分布情况看，中国内地企业在亚洲设立的境外企业数量近 1.7 万家，占 57.1%，主要分布在新加坡、日本、越南、老挝、韩国、印度尼西亚等地。其中，在中国香港地区设立的境外企业 9000 多家。在北美洲设立的境外企业近 3800 家，占 12.7%，主要分布在美国、加拿大，中国内地企业在美国设立的境外企业数量仅次于中国香港。在欧洲设立的境外企业超过 3300 家，占 11.2%，主要分布在俄罗斯、德国、英国等地。在非洲设立的境外企业超过 3000 家，占 10.6%，主要分布在尼日利亚、赞比亚、南非等地。在拉丁美洲设立的境外企业 1500 多家，占 5.3%，主要分布在英属维尔京群岛、开曼群岛等地。在大洋洲设立的境外企业 900 多家，占 3.1%，主要分布在澳大利亚（见表 3 - 7）。

表 3 - 7　　　　　　　　　2014 年末中国境外企业各洲分布情况

洲别	境外企业数量（家）	比重（%）
亚洲	16955	57.1
北美洲	3765	12.7
欧洲	3330	11.2
非洲	3152	10.6
拉丁美洲	1578	5.3
大洋洲	919	3.1
合计	29699	100.0

资料来源：商务部、统计局、外汇管理局，《2014 年度中国对外直接投资统计公报》。

3.3.2　中国对外直接投资不同区位的行业特征

从存量行业的地区分布情况看，中国对各地区直接投资的行业高度集中。对亚洲和拉丁美洲地区的投资集中在租赁和商务服务业，占比分别达到 40.1% 和 57.0%；对非洲地区的投资集中在建筑业和采矿业，占比达到 49.2%；对北美地区的投资主要集中在金融业，占比达到 33.9%；对大洋洲地区的投资集中在采矿业，占比达到 65.5%；只有对欧洲地区的投资行业分布相对分散（见表 3-8）。

表 3-8　　　　2014 年末中国对各洲直接投资存量前五位的行业

地区	行业	存量（亿美元）	占比（%）
亚洲	租赁和商务服务业	2408.2	40.1
	批发和零售业	812.9	13.5
	金融业	809.6	13.5
	采矿业	742.7	12.4
	交通运输、仓储和邮政业	283.5	4.7
	小计	5056.9	84.2
非洲	建筑业	79.8	24.7
	采矿业	79.2	24.5
	金融业	53.2	16.4
	制造业	44.1	13.6
	科学研究和技术服务业	13.5	4.2
	小计	269.8	83.4
欧洲	租赁和商务服务业	161.8	23.3
	金融业	137.5	19.8
	制造业	117.2	16.9
	采矿业	107.9	15.5
	批发和零售业	54.7	7.9
	小计	579.1	83.4

续表

地区	行业	存量（亿美元）	占比（%）
拉丁美洲	租赁和商务服务业	605.0	57.0
	金融业	194.1	18.3
	批发和零售业	84.4	8.0
	采矿业	54.3	5.1
	交通运输、仓储和邮政业	34.5	3.2
	小计	972.3	91.6
北美洲	金融业	162.6	33.9
	采矿业	83.8	17.5
	制造业	71.7	15.0
	租赁和商务服务业	31.6	6.6
	房地产业	31.2	6.5
	小计	380.9	79.5
大洋洲	采矿业	169.4	65.5
	金融业	19.3	7.5
	房地产业	18.5	7.2
	农林牧渔业	10.7	4.1
	制造业	9.5	3.7
	小计	227.4	88.0

资料来源：商务部、统计局、外汇管理局，《2014 年度中国对外直接投资统计公报》。

3.3.3　中国对外直接投资不同区位的项目规模特征

中国对外直接投资在不同国家和地区的项目规模也呈现出差异化特征。根据"中国与全球化智库"（CCG）的调查数据，中国企业对外直接投资项目的规模多数在 1 亿~10 亿美元之间，以美国数量最多；10 亿美元以上的投资项目较少，同样是投向美国的数量最多；100 亿美元以上的项目更是凤毛麟角，仅分布在澳大利亚、德国和加拿大；10 亿美元以下规模的投资平均比重高达 84%（见图 3 - 10）。

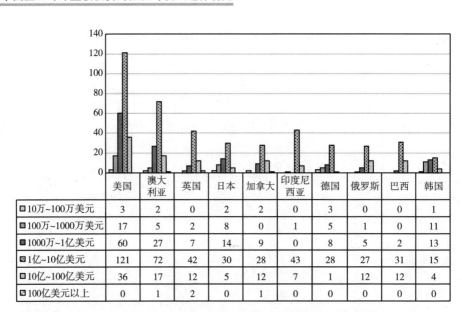

	美国	澳大利亚	英国	日本	加拿大	印度尼西亚	德国	俄罗斯	巴西	韩国
☐10万~100万美元	3	2	0	2	2	0	3	0	0	1
■100万~1000万美元	17	5	2	8	0	1	5	1	0	11
■1000万~1亿美元	60	27	7	14	9	0	8	5	2	13
▦1亿~10亿美元	121	72	42	30	28	43	28	27	31	15
▨10亿~100亿美元	36	17	12	5	12	7	1	12	12	4
☐100亿美元以上	0	1	2	0	1	0	0	0	0	0

图 3－10 中国对外直接投资项目规模数量的地区分布

3. 4

中国对外直接投资的模式特征

对外直接投资根据投资方式的不同和获得股权途径的不同可以分为跨国并购和新建投资两种模式，而境外投资企业的股权模式又可以分为合资企业、合作企业和独资企业三种类型。联合国贸发会议（UNCTAD）将跨国并购分为两种类型：一种是收购（acquisition），即购买获得东道国目标企业 10% 及以上份额的股权；另一种是合并（merger），即投资企业与目标企业按照法律规定的步骤建成一个新企业。新建投资也称作绿地投资（greenfield investment），它是指跨国企业在东道国建立全新企业的直接投资活动。[①] 近年来，中国企业 OFDI 中绿地投资和跨国并购均呈现快速发展。

---

① 裴辛易：《中国企业对外直接投资进入模式选择的研究》，首都经济贸易大学硕士论文，2015 年。

3.4.1　中国企业对外直接投资模式的演变

20 世纪 80 年代初，在出口导向的战略背景下，为了给出口企业创造更好的外部环境，为出口企业提供国际运输、国外市场信息、海外融资等服务，部分中国企业尝试性地在少数国家开展了服务业领域的绿地投资。例如，从 1980 年开始，中国对外贸易运输总公司在美国先后投资设立了华运公司、华美航务公司，在加拿大投资设立了中国外运加拿大公司，在中国香港投资设立了香港宏光发展有限公司、威林产业有限公司等独资子公司，为国际贸易企业提供全球运输服务；1981 年中国银行在美国纽约投资设立了第一家海外分行，旨在为中国的国际贸易提供境外结算和融资服务。[①]

20 世纪 80 年代中期，中国开启在全球获取能源资源的战略进程，但不管是矿产企业还是石油天然气企业，其海外绿地投资需要的资金数额巨大，而且投资建厂的时间很长，风险较大。在这种情况下，中国企业开始尝试采用跨国并购的方式进行海外资源投资。而且，由于发达国家的资本市场更加成熟和完善，许多中国企业为了利用国际资本，就将跨国并购的目标定在了发达国家。例如，1986 年中国国际信托投资公司通过杠杆租赁的方式成功获取澳大利亚波特兰铝厂 10% 的股权，被评为当年全球十大经典融资案例之一；1988 年首钢集团以 340 万美元的价格收购了美国 MASTA 工程公司 70% 的股权；1993 年中石油获得加拿大阿比达省北湍宁油田的部分股权，实现中国企业的首次海外产油；1996 年中国信托投资公司与新西兰雄狮公司及布莱利投资公司共同出资 20.3 亿新元，成功收购了新西兰林业公司。[②]

中国政府提出"走出去"战略之后，中国资本和技术密集型行业的企业越来越多地采取跨国并购的对外投资模式。特别是 2003 年以后，我国企业采取跨国并购方式的海外投资项目迅速增加，占对外直接投资总额的

---

① 李国学：《对外直接投资模式选择》，载于《中国金融》2013 年第 1 期。

② 李国学：《制度约束与对外直接投资模式》，载于《国际经济评论》2013 年第 1 期。

比重由 2003 年的 18% 增长到 2014 年的 26.4%（见表 3 - 9）。在中国海外并购迅猛增长的历史进程中，一些国际大项目震惊世界。例如，联想集团并购 IBM 公司的个人计算机业务、国家电网收购巴西输电公司的经营特许权、吉利汽车收购沃尔沃汽车公司、三一重工收购德国普茨麦斯特机械公司、紫光集团并购美国西部数据公司等。[①] 近年来，对外投资还出现了新的模式。例如，中国企业和外国企业合作向第三国开展直接投资。2009 年底，上海汽车与通用汽车合作对印度直接投资就采用了这种方式。

表 3 - 9 　　　　　　　　 2004 ~ 2014 年中国对外直接投资并购情况

年份	并购金额（亿美元）	同比（%）	比重（%）
2004	30	—	54.5
2005	65	116.7	53.0
2006	82.5	26.9	39.0
2007	63	- 23.6	23.8
2008	302	379.4	54.0
2009	192	- 36.4	34.0
2010	297	54.7	43.2
2011	272	- 8.4	36.4
2012	434	—	31.4
2013	529	21.9	31.3
2014	569	7.6	26.4

注：2012 ~ 2014 年并购金额包括境外融资部分，比重为直接投资占当年流量的比重。

资料来源：商务部、统计局、外汇管理局，《2014 年度中国对外直接投资统计公报》。

　　总体来看，中国企业对外投资模式的演化趋势是从早期的以绿地投资为主，向跨国并购、合资合作等多种投资方式不断拓展，投资模式的选择也更加科学和理性化，针对不同的市场会采用不同的投资进入模式。

---

　　① 许杨敏：《我国对外直接投资发展阶段、模式及策略研究》，浙江大学硕士论文，2014 年。

3.4.2　中国企业对外直接投资模式的总体特征

根据 2013 年中国国际贸易促进委员会对 1056 家中国企业的问卷调查数据，在开展对外直接投资的企业中，将近一半的企业会选择全资新建企业，其次为合资新建，再次是建立代表处，部分并购和全资并购的加总比例为 19%（见图 3-11）。2014 年，中国企业发起跨国并购项目的数量达到 595 起，涉及 69 个国家和地区，实际投资总额 569 亿美元，其中直接投资 324.8 亿美元，占并购交易总额的 57.1%，当年中国对外直接投资总额 26.4%；境外融资 244.2 亿美元，占并购金额的 42.9%。中国五矿集团公司联营体以 58.5 亿美元收购秘鲁拉斯邦巴斯铜矿项目，是 2014 年中国企业实施的最大海外并购项目。

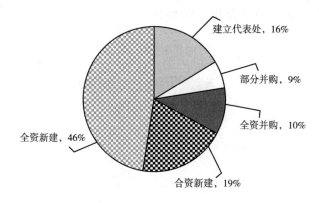

图 3-11　中国企业海外投资模式比重分布

中国与全球化智库的统计数据显示，2002~2015 年上半年，在中国企业全部的 2018 项对外直接投资活动中，采用跨国并购方式的项目达到 1817 项，占比达到 90%，一定程度上说明跨国并购方式在中国企业对外直接投资模式选择中的重要地位。跨国并购不需要经历较长的海外建设周期，因此能够迅速实现企业的对外投资目标。从跨国并购的类型来看，又可以细分为横向并购、纵向并购和混合并购，其中横向并购是指并购同一行业的企业，纵向并购是指并购生产同类产品但处于不同生产阶段的企业，混合并购是指并购没有直接行业关联的企业，不同投资目标的企业会采用不同方式。

如图3－12所示，绝大部分（比重达87%）的中国企业采用横向并购的方式，这样能够迅速扩大企业规模，降低边际成本。例如，联想集团收购IBM公司的个人电脑业务，一举成为世界前三的PC生产商。只有一小部分（比重为5%）企业会进行纵向并购，这样能够迅速整合全产业链，实现对某种产品从研发到生产再到销售的整体掌控。还有一部分企业（比重为8%）通过混合并购来扩大企业的经营领域，在国际化发展的同时实现多元化。例如，复星集团通过在房地产、药品、体育等行业发起的多项混合并购，迅速实现了企业的多元化发展和全球战略布局。根据商务部研究院对外投资合作研究所的数据，由于在前期并购目标选择、后期企业整合等方面的表现差异，中国企业跨国并购的成功率大概在40%左右，也就是说有一半以上的并购活动以失败告终。

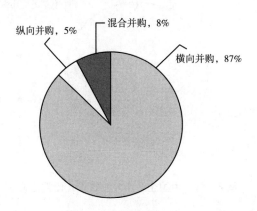

图3－12　中国企业跨国并购主要方式比重分布

另外，从企业海外投资项目的数量特征来考察，根据商务部公布的境外投资企业名录进行的统计分析，绝大部分的对外投资企业只拥有一个海外子公司，只有少数对外投资企业进行过两次以上的海外投资，而这一类企业主要由国企特别是央企构成，当然还有少数实力雄厚的民营企业也在其中。总体来看，中国企业进行对外直接投资的数量模式仍然表现为零星式的点状分布。

3.4.3 不同行业的对外直接投资模式特征

不同行业的对外直接投资企业会采用不同的投资模式。总体来看，能源行业和矿产行业的企业更倾向于采取跨国并购的对外投资模式；制造行业和商务服务行业的企业更倾向于选择绿地投资的进入模式。具体来说，中国企业对外直接投资模式的行业特征有以下三点：

第一，中国能源矿产类企业更倾向于采用跨国并购的方式进入海外市场，而且这类企业的对外直接投资项目往往数额较大（见表 3 - 10）。数据显示，2003 ~ 2009 年，中国能源行业、矿产行业和公共事业行业跨国并购所投入的资金额占到这三个行业对外直接投资总额的 65%。特别是中国国有企业，承担着海外获取稀缺资源和能源的战略任务，因此，经常通过跨国并购的方式从资源富集国家获取所需能源和资源。随着不可再生资源存量的不断减少，其稀缺性越来越凸显，而我国作为人口大国和工业大国，对能源资源的消耗量巨大，因此跨国并购在能源资源行业的对外投资中占据日益重要的地位。全球金融危机的扩散使外国能源和矿产类企业价值缩水，这非常有利于我国企业通过开展跨国并购获取能源资源，而且大大降低了我国企业进行跨国并购的资金成本，以及企业并购成功后的运营成本。

表 3 - 10   2014 年中国对外投资并购行业构成

行业类别	数量（起）	金额（亿美元）	金额占比（%）
采矿业	40	179.1	31.4
制造业	167	118.8	20.9
电热燃气及水的生产和供应业	18	93.1	16.4
信息传输、软件和信息技术服务业	36	35.7	6.3
农林牧渔业	43	35.6	6.3
租赁和商务服务业	58	25.3	4.4
金融业	10	20.8	3.7

行业类别	数量（起）	金额（亿美元）	金额占比（%）
交通运输、仓储和邮政业	16	17.7	3.1
批发和零售业	117	15.1	2.7
房地产业	16	8.6	1.5
住宿和餐饮业	12	8.0	1.4
科学研究和技术服务业	26	5.8	1.0
居民服务、修理和其他服务业	13	3.6	0.6
文化、体育和娱乐业	11	1.0	0.2
建筑业	7	0.6	0.1
卫生和社会工作	3	0.2	—
教育	2	0.1	—
合计	595	569.0	100.0

资料来源：商务部、统计局、外汇管理局，《2014 年度中国对外直接投资统计公报》。

第二，中国制造业企业通常更倾向于选择绿地投资方式进入海外市场。目前，我国制造业在全球价值链中仍处于较低端的生产加工环节，在整体水平上远远落后于发达经济体，特别是在关键技术、尖端人才和资本实力等方面与发达经济体差距较大。许多发达国家政府为了保护本国先进技术、优秀人才等资源，对中国企业的跨国并购进入模式采取防御和阻碍的态度。为了减少东道国的这种保护政策带来的阻力，我国制造业企业通常采用绿地投资方式进入目标国家和市场。当然，绿地投资也有其自身优势，不仅能够节省巨额的并购资金，而且能够根据企业特征和需要在东道国建设工厂、购买设备和安排生产流程。

第三，中国批发和零售行业企业也倾向于选择绿地投资的 OFDI 进入模式。批发和零售企业进行对外直接投资的目的在很大程度上是加强对当地市场采购渠道和销售网络的认识，以及对行业信息和各类资源的掌握，来扩大贸易规模，并且在海外市场进行产品营销，而绿地投资的一大优势是能全面控制海外子公司的经营和管理流程，使其与母公司政策保持高度一致。

3.4.4　不同区位的对外直接投资模式特征

2014 年中国内地企业对外投资并购项目共分布在全球 69 个国家和地区，从实际并购金额上看，秘鲁、美国、中国香港、澳大利亚、加拿大、意大利、开曼群岛、德国、法国、荷兰位列前十（见图 3 – 13）。

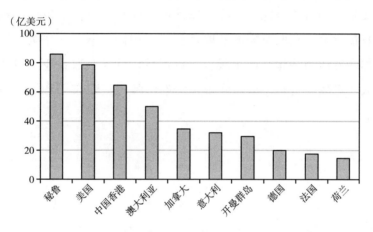

图 3 – 13　2014 年中国内地企业对外并购十大目的地（按并购金额）

针对不同地理区位，我国企业对外直接投资模式也表现出不同特征。总体来看，中国企业在美洲和大洋洲地区更倾向于选择跨国并购的 OFDI 进入模式，在欧洲和非洲地区更偏好选择绿地投资的进入模式，而在亚洲地区则是根据不同的海外市场类型灵活选择两种投资模式。

例如，在北美洲地区，中国企业偏好选择跨国并购的对外投资进入模式。加拿大的石油、矿产等自然资源储量丰富，而中国企业对外资源类投资偏好采用跨国并购来直接获取资源开采能力；美国科技实力处于全球顶尖水平，国内拥有许多创新能力极强的高科技企业，技术获取型中国对外投资企业偏好采用跨国并购的方式取得目标企业的关键技术，尤其是对美国中小科技企业的并购。例如，联想、华为等科技型企业在美国的直接投资。在非洲地区，中国企业主要选择绿地投资进入当地市场。非洲地区大部分国家较为贫穷落后，国内技术水平有限，中国企业即使有跨国并购意愿也很难找到合适的并购标的，因此主要还是通过绿地投资方式在当地新建厂房和设备进行生产。另外，很多中国企业通过对外工程承包的方式开展对非投资，这也是属于绿地投资。

总体来看，近年来我国科技企业越来越倾向于到科技水平领先的国家进行直接投资，特别是采用跨国并购方式的直接投资，表现出逆向投资的特征。这一特征表明，传统的垄断优势已经不是企业开展对外直接投资的最关键要素，相对竞争优势同样可以促使企业到发展水平较高的国家和地区开展直接投资，获取所需的战略性资产。中国的联想、华为、海尔等跨国公司均在发达经济体开展了投资，投资目标就是获取企业本身所欠缺的技术、人才等战略资产，从而实现企业的国际化战略布局和综合竞争优势的提升。

第 *4* 章

企业异质性视角下中国对外
直接投资的区位选择

随着中国对外直接投资规模的不断扩大，中国企业的 OFDI 活动也表现出一些明显的区位特征，除了国际避税地以外，呈现出向美国、澳大利亚、新加坡等重点区域集中的态势。那么，中国企业在选择对外直接投资的目标国家和地区时，主要基于哪些方面的考虑？哪些因素会对中国企业的 OFDI 区位决策产生关键性的影响？本章的研究就尝试对这一问题做出解答。现有文献对中国企业 OFDI 区位选择的研究要么主要聚焦于东道国特征因素，要么主要聚焦于企业方面的异质性因素，而本书力图同时将东道国特征因素和企业异质性特征因素引入理论模型，并且运用中国工业企业数据库和商务部境外投资企业（机构）名录匹配得到的样本数据进行全面的实证检验。

4.1

理论模型：**Yeaple**（**2009**）模型的扩展

本章用扩展的异质性企业贸易投资模型对中国企业对外直接投资的区位选择问题进行理论分析，该模型主要基于赫尔普曼等（2004）、耶普尔（2009）、陈和摩尔（2010）等的研究。

假设世界由两个部门和 $N+1$ 个国家构成，其中一个部门生产差异化产品，另一部门生产同质化产品。同质化产品被作为计价物，并且可以在世界上任何一个国家生产，其既可以用于消费者的最终消费，也可以用于其他企业的中间投入。$N+1$ 个国家中有一个母国（表示为 O）和 N 个东道国（表示为 $j=1, \cdots, N$）。同样假设效用函数为 CES 形式，消费者和企业都依据 CES 效用函数来在各种产品间分配他们的支出。

$$U = \left(\int_{\omega \in \Omega} q(\omega)^{\alpha} d\omega \right)^{\frac{1}{\alpha}} \quad \text{st} \quad p(\omega)q(\omega) = E \tag{4.1}$$

其中，$q(\omega)$ 表示商品 ω 的需求量，$0 < a < 1$ 表示两种商品之间的可替代程度，Ω 表示所有商品的集合。在国家 j 的总支出 E_j 满足一定的条件下，通过最大化效应函数可以得到企业 i 在国家 j 的需求函数：

$$q_{ij}(\omega) = \frac{E_j}{P_j} \left(\frac{p_{ij}(\omega)}{P_j} \right)^{-\varepsilon} \tag{4.2}$$

其中，$q_{ij}(\omega)$ 表示企业 i 的产品 ω 在国家 j 的需求量，E_j 代表国家 j 的总支出，P_j 表示国家 j 的价格水平，$p_{ij}(\omega)$ 表示产品 ω 在国家 j 的价格，$\omega = 1/(1-\alpha) > 1$ 表示产品之间的价格需求弹性。令 $A_j = E_j/(a_{ij}P_j^{1-\varepsilon})$，则可以推导出企业的需求表达式：

$$q_{ij}(\omega) = a_{ij}A_j p_{ij}(\omega)^{-\varepsilon} \tag{4.3}$$

其中，A_j 表示国家 j 的总需求。同陈和摩尔（2010）的思路相同，我们也将 a_{ij} 定义为对不同企业的差异化产品的偏好等特征。另外，假设每个国家都包含足够数量的企业，每个企业生产并销售差异化的产品，并且其生产率水平 θ 随机给定，可以将其表示为 $G(\theta) = 1 - \theta^{-k}$，其中 $k > \varepsilon - 1$。[①]

　　下面考察母国企业的国际化决策。如果母国 O 的企业 i 在国内进行生产并销售，那么它的可变成本和固定成本分别为 c_O/θ_i 和 f_O^D。当考察海外市场时，企业会面临在出口和海外投资生产之间的选择。如果企业 i 选择出口方式，那么会产生贸易的冰山成本 $\tau_{ij} > 1$，其中包含国际运输成本和

---

① 王方方：《企业异质性条件下中国对外直接投资区位选择研究》，暨南大学博士论文，2012 年。

进口关税成本等；以及在国家 j 进行销售需要负担的额外固定成本 f_j^X，其中包含在国家 j 进行分销服务的各项成本。如果企业 i 选择在东道国 j 当地投资建厂进行生产，则其需要负担投资的固定成本 f_j^I，其中 $f_j^I > f_j^X$。

与赫尔普曼等（2004）的思路相同，假设生产技术能在国家间自由流动，因此，具有相同技术的企业在不同国家的生产率水平相同。则对于所有的国家 j 都可以得到：

$$\left(\frac{c_j}{c_O}\right)^{\varepsilon-1} f_j^I > (\tau_{ij})^{\varepsilon-1} f_j^X > f_O^D \tag{4.4}$$

综合起来，国家 O 中的生产率为 θ 的企业 i，其选择国内生产并出口、海外投资生产并销售两种方式面临的边际成本分别为：

$$c(\theta_i) = \begin{cases} c_O \tau_{0j} / \theta_i \\ c_j / \theta_i \end{cases} \tag{4.5}$$

相应地，出口和海外投资两种方式下企业 i 的最优价格策略分别为：

$$p(\theta_i) = \begin{cases} c_O \tau_{0j} / (\alpha\theta_i) \\ c_j / (\alpha\theta_i) \end{cases} \tag{4.6}$$

结合式（4.3）和式（4.6），可以得到企业 i 在两种方式下的收入：

$$R(\theta_i) = \begin{cases} A_j (c_O \tau_{0j} / \theta_i)^{1-\sigma} \\ A_j (c_j / \theta_i)^{1-\sigma} \end{cases} \tag{4.7}$$

可以看出，无论企业 i 在母国还是东道国进行生产，其销售收入都与其生产率指数 $\theta^{\sigma-1}$ 成正比。因此，结合式（4.4），可以得到企业选择出口或者海外投资两种方式的利润表达式：

$$\pi(\theta_i) = \begin{cases} a_{ij} B_j (c_O \tau_{0j} / \theta_i)^{1-\varepsilon} - f_j^X \\ a_{ij} B_j (c_j / \theta_i)^{1-\varepsilon} - f_j^I \end{cases} \tag{4.8}$$

其中，$B_O = (1-\alpha)\alpha^{\varepsilon-1} A_O$，$B_j = (1-\alpha)\alpha^{\varepsilon-1} A_j$。显然，只有当 $\pi_{ij}^I > \pi_{ij}^X$ 时，

企业才会以直接投资的方式服务海外市场。结合式（4.8），可知企业如果选择进行海外投资，则其生产率水平应该满足：

$$\theta_i > \left[\frac{f_j^I - f_j^X}{a_{ij} B_j (c_j^{1-\varepsilon} - (c_O \tau_{ij})^{1-\varepsilon})} \right]^{\frac{1}{\varepsilon-1}} \tag{4.9}$$

这就是企业 i 对东道国 j 进行直接投资所需达到的要求，即生产率水平达到东道国 j 的最低生产率门槛。那么，企业 i 对东道国 j 进行直接投资的概率可以用下式来表示：

$$Prob(\pi_{ij}^I > \pi_{ij}^X) = Prob\left\{ \theta_i > \left[\frac{f_j^I - f_j^X}{a_{ij} B_j (c_j^{1-\varepsilon} - (c_O \tau_{ij})^{1-\varepsilon})} \right]^{\frac{1}{\varepsilon-1}} \right\} \tag{4.10}$$

可以看出，企业是否会进入一国进行直接投资取决于其自身的生产率水平与东道国的进入生产率门槛。在给定 a_{ij} 时，企业生产率的提升会提高其对国家 j 进行直接投资的概率；同样，东道国市场规模和需求减小、生产要素价格提高或者贸易成本的降低，都会提高东道国的进入生产率门槛，进而降低企业对其进行直接投资的概率。需要说明的是，虽然很多理论研究将企业异质性聚焦于生产率，但这里的生产率 θ 实际上是包含企业相关异质性特征的综合异质性，包括技术效率、管理实践、企业组织、研发能力等方面的差异（Melitz & Redding，2014），这些差异共同导致了企业生产效率的差异。总的来说，企业的对外投资决策取决于其综合生产率即企业异质性特征与东道国特征的共同影响。

4.2

区位选择影响因素的实证检验

4.2.1　计量模型与方法：条件 Logit 模型

本书采用条件 Logit 回归方法进行模型分析，该模型基于随机效用理论，假设个人以追求效用最大化为目标进行有限方案当中的选择。条件Logit 模型是一种离散选择模型，尤其适合于分析个体在进行选择时面临很多项方案的情况，在本书中即为企业面临多个目的区位的情况，用来分析在多个目标国家区位中，哪些因素影响了某个区位被选中的概率。而且，该模型不仅适合分析同时随企业和目的地而变化的自变量，还适合分析仅随目的地但不随企业而变化的自变量。[①] 该模型由美国经济学家、计量学家麦克法登（McFadden）于 1974 年创建，被广泛应用于类别选择问题，在近年来 FDI 区位选择问题的相关研究中也被学者们普遍使用（阎大颖等，2013；王永钦等，2014）。[②]

具体到本书，如果某个企业在开展对外直接投资时面临多个东道国区位选择（$J = j, \cdots, n$），用 U_{ij} 表示企业 i 在东道国 j 进行直接投资能够得到的效用，并且 $U_{ij} = \beta X_j + \varepsilon_j$。其中，$X_j$ 是可能对企业投资区位选择产生影响的变量，其中既包括可能同时随企业和东道国而变化的企业异质性特征变量，又包括仅根据区位而不同的东道国宏观变量；β 是要进行估计的系数，表示企业选择某个区位的概率随自变量变动的程度；ε_j 表示无法观测到的其他变量。如果企业 i 在 n 个可选区位中确定了东道国 j，假设该选择能最大化企业 i 的效用，即在东道国 j 进行直接投资的概率为：

$$Prob(U_j > U_k) \, \forall k \neq j \tag{4.11}$$

根据麦克法登的研究，如果 ε_j 满足独立不相关（IIA）的假设，也就是说企业选择各个区位的概率不存在相互影响，某地区被选中的机会为随机变量 Y_i，那么企业 i 在 n 个可选区位中选择东道国 j 的概率就可以用条件Logit 形式表示为：

$$Prob_j(Y_i = j) = \exp(\beta X_j) / \sum_{i=1}^{n} \exp(\beta X_i) \, \forall i \neq j \tag{4.12}$$

---

① 刘慧、綦建红：《异质性 OFDI 企业序贯投资存在区位选择的"路径依赖"吗》，载于《国际贸易问题》2015 年第 8 期。

② 李凌：《中国企业跨国并购区位选择研究》，上海社会科学院博士论文，2015 年。

在条件 Logit 模型中，由于企业在开展对外直接投资时会有 n 个区位可供选择，也就是说，企业的每个投资决策都存在 n 个观测样本，这些样本共同描述了企业在某个对外直接投资决策中的行动。用极大似然估计方法对条件 Logit 模型的系数进行估计。

4.2.2 变量说明与测度方式

根据理论模型得出的推论，本书选择企业异质性特征和东道国特征两大类自变量加入模型。其中，企业异质性特征方面的变量包括企业生产率、企业规模、企业年龄、资本密集度、研发投入等；东道国特征方面的变量包括市场规模、自然资源、劳动力成本、地理距离、税率水平、市场进入成本、文化距离、制度环境等。

由于本书的样本数据分散在各个年份当中，而且不具有连贯性，因此本书将不同年份不同企业的对外直接投资样本数据放在一起组成混合样本，同时采用企业对外投资核准上一年的企业和东道国指标数值进行回归。通过这种方式，能够清晰地考察企业变量和东道国变量对企业对外投资决策的影响，而且能够在一定程度上控制内生性问题。就内生性问题来说，首先，东道国方面的解释变量问题不大，因为微观企业的投资行为很难对宏观国家层面的总体情况产生显著影响；其次，企业方面的解释变量当中，有些可能产生逆向因果关系带来的内生性问题，比如其企业生产率和企业规模，由于企业对外投资可以通过学习效应促进生产效率提升和规模扩大，所以这两个变量都有可能是内生变量，而通过上面提到的滞后一期处理能有效避免这种逆向因果关系等带来的内生性问题。[1] 为控制变量的异方差，大部分变量以对数形式引入模型。同时，本书还给出了 Spearman 偏相关系数来检验各变量间的多重共线性问题。

对于被解释变量，正如前文所述，中国对外直接投资企业在每次进行

---

① 王永钦、杜巨澜、王凯：《中国对外直接投资区位选择的决定因素：制度、税负和资源禀赋》，载于《经济研究》2014 年第 12 期。

投资决策时都存在 n 个可选区位。如果企业 i 在某年选择到 j 国或地区进行直接投资，则令被解释变量 Y_{ij} 为 1，否则为 0。下面主要对解释变量的预期符号和测度方式进行说明。

1. 企业异质性特征变量

（1）企业生产率。生产率作为企业异质性最为显著的特征是首要考察的重点。根据理论模型的分析，企业生产率与其对外投资概率成正比关系。本书用全要素生产率来衡量企业的生产率水平，由于使用的数据时间区间为 2001~2009 年，而中国工业企业数据库部分年份缺乏中间投入品的数据，所以本书在全样本检验中未采用 OP、LP 等方法估算企业全要素生产率，而采用索洛余值法进行计算。[①] 具体地，我们采用索洛残差法的延伸——近似全要素生产率（approximate TFP）来测度，来自海德尔和里斯（2003）。这种方法不仅具备参数法的特点，而且计算非常简便，公式如下：

$$ATFP = \ln(Q/L) - s\ln(K/L) \tag{4.13}$$

其中，Q 表示企业产出；L 表示劳动投入；K 表示资本投入；s 表示资本和劳动在企业生产中的贡献程度；s 越小表示劳动投入的贡献越大，s 越大表示资本投入的贡献越大，若 $s = 1$ 则生产率完全是资本投入的效率。霍尔和琼斯（1999）根据对美国的实证研究认为 $s = 1/3$，后来一些文献也对其准确性进行了验证，发现该数值基本能够代表现实的情况，因此，本书也认为 $s = 1/3$。式（4.13）中产出 Q 用企业的工业增加值来衡量；劳动投入 L 用企业员工人数来测度；资本投入 K 用企业的固定资产净值来测度。[②]

（2）企业规模。企业异质性贸易理论中专门分析了企业规模差异对其

[①] 后文稳健性检验中，在牺牲一定样本容量的条件下，使用 LP 法进行了重新测度。

[②] 刘晓宁、魏子东：《关税减让与异质性企业出口强度——基于中国制造业企业的实证研究》，载于《江西社会科学》2015 年第 5 期。

国际化决策的影响并得出推论：随着企业规模的扩大，其向海外扩张的可能性不断提高（Helpman，2004）。通过规模扩张，企业能够在市场上占据一定垄断地位，从而提高话语权和议价能力，并有利于形成规模经济和降低成本（Porter，2008）。另外，企业规模越大，其在对外直接投资过程中获取各项资源的能力就越强，并且在全球进行战略布局、打造大型跨国公司的动机也越强。[①] 一般来说，规模越大的企业越能够承受对外直接投资的各类成本和风险，其开展 OFDI 的概率越高。为了消除行业特征对企业规模的影响，本书采用企业工业销售产值与所在行业平均值的比值来衡量企业规模。

（3）企业年龄。企业进行对外直接投资的能力会根据企业所处发展阶段的不同而不同，因此，本书将企业年龄作为解释变量加入研究模型。一般来说，随着经营时间的延长，企业会渐趋发展成熟，企业声誉逐渐扩散，在海外市场应对风险的能力也越强，因此经营时间越长的企业越有可能进行 OFDI。本书用样本所处年份减去企业开业年份来衡量企业年龄。

（4）资本密集度。理论上来说，资本密集度高的企业属于资本密集型，相比于资本密集度低的劳动密集型企业来说，其更有条件进行对外直接投资。当然，对于一些劳动密集型企业来说，随着中国劳动力成本的不断上升，其到海外寻求廉价劳动力的投资动机愈加明显。因此，资本密集度变量对企业进行 OFDI 概率的影响具有不确定性。本书采用企业固定资产净值与企业员工人数的比值来衡量资本密集度。

（5）研发投入。研发是企业实现技术创新的最重要环节。虽然近年来取得了长足的进步，但整体来看中国企业的技术创新能力还处于较低水平。通过对外直接投资来获取关键技术等资源，有利于企业培育核心竞争优势，实现跨越式发展，这也正是中国技术获取型对外直接投资的主要动机。同研发投入和技术水平较低的企业相比，具有较高研发投入的企业一般技术

---

① 肖慧敏、刘辉煌：《企业特征与对外直接投资的自我行为选择》，载于《国际经贸探索》2013年第9期。

水平处于国内领先地位，与国际顶尖技术的差距较小，跟国外高新技术的对接能力越强，其开展技术获取型对外投资的收益就越大。因此，研发投入越大的企业，其开展对外直接投资的概率越高。本书采用企业研发费用与销售产值的比值即研发密度来衡量研发投入。[①]

2. 东道国特征变量

（1）市场规模。东道国的市场规模是吸引 FDI 的重要因素，也是已有文献中普遍考察的影响国际直接投资区位选择的因素。由于本国市场趋于饱和，或者企业国际化战略需要等原因，很多企业希望到海外开拓新的市场。而且，市场规模越大越容易使企业实现规模经济，从而降低在国外生产的边际成本（Bevan & Estrin，2004）。另外，随着中国成为世界第一大货物贸易出口国，中国企业的出口受到越来越多国家的警惕，一些国家使用反倾销手段来阻止中国商品进入。在这种情况下，通过到目的国进行直接投资可以有效避开贸易壁垒，直接就地获取东道国市场。因此，正如前文的理论模型推导出的结果，东道国市场规模变量对企业到该国进行投资的概率具有正向影响。本书选取东道国 GDP 和人均 GDP 两个指标来分别衡量东道国的市场规模与经济发展水平。东道国 GDP 是该国经济总量的度量，能够较真实地衡量该国的市场规模大小；人均 GDP 衡量能反映一国的经济发展水平，数值越高代表东道国民众的购买能力越强。[②]

（2）自然资源。从外部获取发展所需的资源是企业进行对外直接投资的一大重要动机，许多学者的文献研究也证实了自然资源在对外投资决策中的吸引力。中国的人均资源占有率非常低，特别是石油以及铝、铜等矿产资源稀缺，因此借助外部资源实现快速发展是我国的一项重要战略。对

---

① 由于《中国工业企业数据库中》中 2002 年、2003 年、2008 年、2009 年的研究开发费用指标缺失，本书参照钱学锋（2011）的做法，认为企业一旦进行研发投入，那么每年的投入基本保持不变，因此对于缺失年份的数据分别使用 2001 年和 2007 年的数据补齐。

② 单娟等：《中国企业 OFDI 区位选择的决定因素——基于国有企业和私有企业差异的视角》，载于《华东经济管理》2016 年第 1 期。

中国的国有企业来说，其对外投资行为往往肩负着国家战略和使命，其中在全球布局能源开发是非常重要的一项任务。因此，东道国能源资源对中国企业开展对外投资也具有较大吸引力，特别是国有企业由于得到政府的强力支持，敢于在高风险的资源富集国家和地区进行直接投资。因此，自然资源变量对企业到该国进行投资的概率具有正向影响。本书采用矿石金属、石油天然气产品的出口占其总出口的比重指标来衡量自然资源，数据来自《世界银行发展指标》（WDI）数据库。

（3）劳动力成本。中国之所以能成为出口大国和利用外资大国，很大程度上得益于中国数量丰富且廉价的劳动力资源。但是，近年来一个不争的事实是：中国的人口红利正逐步消失，且这种消失的步伐逐渐加快。在劳动力成本不断提升的背景下，一部分企业开始到欠发达国家寻找替代，将其生产向东南亚等地区转移。当然，鉴于中国巨大的版图和东中西部发展的较大差距，劳动力成本上升在一些地区表现的并不明显。一些学者也认为，以降低劳动力要素成本为动机的对外投资在中国并不普遍（Buckley et al.，2007）。但不可否认，未来这种投资动机的对外投资企业数量会越来越多。因此，我们将劳动力成本也作为解释变量引入模型。劳动力成本越低，对中国企业开展直接投资的吸引力越大。① 也就是说，东道国劳动力要素成本与中国企业对其进行直接投资的概率成反比。本书采用国际劳工组织公布的各国月平均工资来衡量劳动力要素成本，并以当年汇率对各国货币进行换算。

（4）地理距离。这一变量用来测度中国和东道国在地理上的临近程度。地理距离的影响可以分为两个方面。第一，两国距离越远，则企业进行直接投资各项工作的成本越高，不管是信息传递还是协调管理，都会降低企业对其开展直接投资的概率；第二，两国距离越远，则企业采用出口方式进入东道国市场的运输成本越高，这会降低企业出口的积极性。对于企业的重点目标市场而言，不能采用出口方式就只能考虑直接投资的方式

---

① 阎大颖：《中国企业对外直接投资的区位选择及其决定因》，载于《国际贸易问题》2013 年第7 期。

进入，这就会提高企业对其进行直接投资的概率。因此，地理距离的总体作用方向是模糊的。地理距离的数据来源于 CEPII 的 Geography 数据库，该数据库提供了两种距离指标，分别是简单距离和加权距离，本书采用加权距离。

（5）税率水平。一国税率水平是决定企业在该国生产经营成本的重要因素。如果东道国税率较高，税种繁多，则企业负担的总体税负成本较高，相应的企业利润减少，不利于吸引企业来此进行投资。因此，一般来说，东道国税率水平与企业对其进行直接投资的概率成反比。而开曼群岛、英属维尔京群岛等国际避税地显然能吸引更多跨国投资。该变量的数据来自《世界银行全球营商环境报告》（Doing Business）数据库。

（6）市场进入成本。市场进入成本是指企业到东道国进行直接投资时需要付出的进入沉没成本。本书用企业在东道国建立时的程序成本占东道国人均国民收入的比重来测度。显然，市场进入成本越高，即企业在东道国建立时的程序越烦琐复杂并且费用高昂，则企业进入该国市场的意愿就会下降。也就是说，东道国市场进入成本的增加会降低企业在该国进行 OFDI 的概率。该变量数据来源于《世界银行全球营商环境报告》（Doing Business）数据库。

（7）文化距离。中国与东道国的文化差异显然会对投资活动产生影响，进而影响企业的对外投资决策。文化距离会通过影响中国企业在东道国的信息传递、沟通协调、谈判合作等活动进而影响其投资经营成本。在文化距离较大的东道国，中国企业可能无法在短时间内适应东道国的传统风俗、价值观念等，而中国企业自身的企业文化和经营理念也可能不易被东道国员工和合作伙伴所接受。一些学者研究证明，两国间文化距离的增加降低了企业进行跨国投资的意愿（Sirgal et al.，2012）。因此，东道国与中国之间的文化距离越小，中国企业对其进行直接投资的概率越高。本书以常用的霍夫斯塔德（Hofstade）文化维度指数（权力距离，不确定性规避，个人主义/集体主义，男性主义/女性主义）为基础，采用科克特和辛格（Kogut & Singh，1988）的测度方法，即 KSI 指数（Kogut and Singh Index）

进行测算，数据来自 Hofstede 官方网站最新公布的数字（见附录1）。计算公式如式（4.14），其中，CD_j 表示东道国 j 与中国的文化距离；I_{ij} 和 I_{iCH} 分别表示东道国和中国的第 i 维度的文化得分值；V_i 表示第 i 维度得分的方差。

$$CD_j = \sum_{i=1}^{4} \left[(I_{ij} - I_{iCH})^2 / V_i \right] / 4 \tag{4.14}$$

（8）制度环境。一国制度环境涉及多方面的内容，其中最重要的有两个方面：一是法律的完善和执行程度；二是政府的管理体制水平。一般来说，一国的政治越稳定、法律越完善、政府的管理水平越高，那么企业的经营环境就越理想，企业就越愿意到该国进行投资。特别是，如果政府的办事效率很高并且公开透明，提供各类基础设施和公共服务的能力很强，那么企业在投资经营过程中的各项时间成本和配套成本将会大大降低。对于拥有核心专利技术的企业来说，东道国较完善的知识产权制度也能有效保护其利益不受损害。因此，制度环境相对于中国越高的国家，中国企业对其进行直接投资的概率越高。本书选择世界银行公布的《全球治理指数》（Worldwide Governance Indicators，WGI）数据库测度一国的制度环境，该指数包含公民参与政治人权、政治稳定程度、政府施政有效性、市场经济限制程度、司法有效性和贪腐控制6个分项指标，本书取6个分项指标的均值。变量的具体定义和测试方式见表4-1。

表4-1　　　　　　　　　　　　变量定义明细

变量类型	变量名称	变量标识	预期符号	定义或说明	数据来源
被解释变量	投资区位	*ofdi*		东道国被选中时取1，否则取0	商务部
企业特征变量	全要素生产率	*tfp*	+	$ATFP = \ln(Q/L) - s\ln(K/L)$	工业企业数据库
	企业规模	*size*	+	工业销售产值/行业平均值	
	企业年龄	*age*	+	当年年份—企业成立年份	
	资本密集度	*klratio*	?	固定资产净值/雇员人数	
	研发投入	*R&D*	+	研发费用/工业销售产值	

续表

变量类型	变量名称	变量标识	预期符号	定义或说明	数据来源
东道国特征变量	市场规模	*gdp*	+	国内生产总值	世界银行数据库
		pgdp	+	人均国内生产总值	
	自然资源	*resource*	+	矿石金属产品出口额/出口总额	
	税率水平	*tax*	−	企业总税负占商业利润的比重	
	市场进入成本	*entrycost*	−	进入程序成本/人均国民收入	
	制度环境	*system*	+	全球治理指数	
	地理距离	*distance*	?	两国首都之间的距离	CEPII 数据库
	文化距离	*culture*	+	Hofstede 文化维度的 KSI 指数	Hofstede 网站
	劳动力成本	*laborcost*		月平均工资	国际劳工组织

4.2.3 数据来源与处理：工业企业数据库和境外投资企业名录

本章数据来源于中国工业企业数据库和商务部公布的境外投资企业名录的合并配对。工业企业数据库是近年来微观层面研究使用最为广泛的数据库，其统计的范围包含全部国有工业企业和销售额超过 500 万元的非国有企业，统计的指标也非常丰富，包括企业基本信息以及生产、经营、研发等方面的 100 多个指标。商务部公布的境外投资企业（机构）名录则是一个相对简单的信息目录，只包含企业（机构）名称、所属地区、投资国家、经营范围、核准日期等几项基本信息。根据该名录，2004 年以前每年核准的对外直接投资项目相对较少，2004 年只有 134 项，而在 2005 年迅速增加到 978 项，其后逐年上升，2009 年达到 2200 项。

对于样本异常值，参照蔡和刘（Cai & Liu，2009）、芬斯特拉等（Feenstra et al.，2011）、谢千里等（2008）的做法，进行了下面几步处理：一是删除工业销售产值、固定资产净值、雇员人数、研发费用等重要指标存在缺漏值的样本；二是删除违反会计准则的样本，例如企业总资产小于固定资产净值，累计折旧小于当期折旧等；三是删除 1900 年之前成立的企业样本、企业年龄小于 0 的样本，以及雇员人数在 10 人以下的企业样本。经过匹配，最终得到2001～2009 年 1569 家对外投资企业的样本数据，[①] 涉及 63 个国家和地区（见表 4 - 2）。由于本书采用混合年份的样本数据，因此借鉴霍尔伯恩和泽尔纳（Holburn & Zelner, 2010）的思路，某个企业对外投资可能的区位选择集合就是样本涉及的所有 63 个国家和地区。匹配得到的样本中，国有企业占 7.6%，外资企业占 16.8%，私营企业占 64.8%；[②] 从行业角度来看，主要集中在纺织服装（占 24.6%）、机械制造（占 22.5%）等相关行业，其他行业分布较为分散。另外，从企业所投资东道国的数量来看，绝大部分企业只开展了 1 次海外投资，而只有很少一部分企业对超过 5 个东道国进行了直接投资，而且这些企业的平均生产率均值显著高于只投资 1 个东道国的企业，这跟前面理论模型得到的结论相符（见表 4 - 2、表 4 - 3）。[③]

表 4 - 2 变量的描述性统计特征

变量	观察值	均值	标准差	最小值	最大值
tfp	98826	2.637	0.945	- 6.334	9.253
lnsize	97578	- 0.864	1.237	- 12.061	5.793
lnage	97644	2.277	0.810	0	4.681
lnklratio	97731	3.676	1.265	- 6.414	9.452
R&D	98847	0.002	0.014	0	1.159
lngdp	98847	23.271	2.311	18.614	28.566
lnpgdp	98847	8.221	1.533	4.109	11.247
lnresource	98834	2.756	1.411	- 4.653	4.711

---

① 由于所有解释变量均滞后一期，因此实际上涉及到的工业企业数据库的起始年份是 2000～2008 年。

② 根据工业企业数据库中企业的登记注册类型代码进行分类，"国有企业"包括登记注册类型代码 110、151，"外资企业"包括登记注册类型代码 210、220、230、240、310、320、330、340，"私营企业"包括登记注册类型代码 170、171、172、173、174，除此以外还包含其他类型的企业。

③ 陶攀、荆逢春：《中国企业对外直接投资的区位选择——基于企业异质性理论的实证研究》，载于《世界经济研究》2013 年第 9 期。

续表

变量	观察值	均值	标准差	最小值	最大值
tax	98847	0.416	1.265	0.08	1.370
entrycost	98847	0.260	0.854	0	2.470
system	98847	0.481	0.227	0.149	0.974
lndistance	98847	8.820	0.533	6.619	9.578
culture	98847	4.201	0.455	3.299	4.817
lnlaborcost	98847	6.014	1.107	4.423	8.316

注：由于负数和零没有对数，导致一些变量在取对数时样本缺失，观测值减少。

表 4 - 3　　　　　　　　企业投资东道国个数及其生产率

东道国个数	企业数量（家）	TFP 均值
1 个	1351	2.221
2～5 个	185	2.436
6 个及以上	33	3.518

4.3

实证结果分析与稳健性检验

在进行回归分析之前，首先采用 Spearman 偏相关系数来检验各变量间的多重共线性，检验结果表明，各变量间不存在明显的线性相关，各变量的相关系数均低于 0.65，且绝大部分低于 0.5（见表 4 - 4），即不存在严重的多重共线性问题。同时，采用方差膨胀因子（VIF）再次检验模型的多重共线性问题，结果得到的 VIF 值均远低于 10 的临界值水平，表明回归模型不存在共线性问题。

表 4 – 4　变量的相关系数

变量	tfp	lnsize	lnage	lnklratio	R&D	lngdp	lnpgdp	lnresource	tax	entrycost	system	lndistance	culture	lnlaborcost
tfp	1													
lnsize	-0.051	1												
lnage	0.034	0.356	1											
lnklratio	0.335	0.303	0.227	1										
R&D	0.267	0.196	0.301	0.478	1									
lngdp	0.092	0.023	0.114	0.096	0.102	1								
lnpgdp	0.167	0.031	0.236	0.217	0.226	0.426	1							
lnresource	-0.028	0.069	0.098	0.025	-0.018	0.201	0.157	1						
tax	-0.016	-0.056	0.067	0.003	0.102	-0.014	-0.009	0.054	1					
entrycost	-0.057	-0.027	0.005	0.003	-0.082	0.097	0.065	0.102		1				
system	0.113	0.036	0.024	0.067	0.102	0.117	0.315	0.146	-0.106	-0.157	1			
lndistance	0.003	0.012	0.036	0.004	0.001	0.024	0.020	0.032	0.002	0.007	0.026	1		
culture	0.011	0.005	0.001	0.003	0.012	0.023	0.031	0.004	-0.027	0.036	0.109	0.358	1	
lnlaborcost	0.256	0.131	0.305	0.312	0.298	0.257	0.642	0.067	-0.147	-0.016	0.237	0.001	-0.003	1

4.3.1　基准估计结果

使用 Stata13.0 软件，采用条件 Logit 模型进行估计，表 4 - 5 报告了估计结果，其中，第（1）～第（3）列逐步将企业异质性特征变量引入模型，第（4）～第（5）列逐步将东道国特征变量引入模型，第（6）列将全部变量引入。从表 4 - 5 可以看出，随着解释变量的逐渐加入，模型的 $pseudo\ R^2$ 逐渐增大，表明模型中自变量对因变量的解释能力逐渐增强，模型的拟合优度逐渐提高，同时第（1）～第（6）列中 $LR\ chi2$ 检验统计量的 p 值均小于 0.01，表明模型整体均为显著。

下面考察解释变量的估计系数情况。首先考察企业异质性特征变量的系数。可以看出，全要素生产率 tfp 的系数均在 1% 的水平上显著为正，表明企业生产率对企业的对外直接投资决策具有正向影响，这与我们的理论预期相一致。另外，企业规模变量 $size$、企业资本密集度变量 $klratio$ 和企业研发投入变量 $R\&D$ 的系数均显著为正，与前面的理论预期基本一致；而企业年龄变量 age 的系数为负且不显著，表明企业经营时间的长短与其对外直接投资决策并没有非常显著的相关关系，一些成立较早的企业在占领和巩固国内市场后并没有强烈的开拓海外市场的动机。

再来看东道国特征变量的系数情况。可以看到，有关市场规模的两个变量 gdp 和 $pgdp$ 的系数均在 1% 的水平上显著为正，表明东道国市场规模对中国企业的投资区位决策具有显著的正向影响，与理论预期一致。自然资源变量 $resource$ 的系数显著为正，这意味着中国倾向于去自然资源丰富的国家进行投资，这与邓宁（1993）的理论中认为自然资源属于区域优势的观点相一致。东道国税率水平变量 tax 均在 10% 的水平上显著为负，表明中国企业更倾向于选择税率较低的国家和地区进行投资，这也跟目前我国相当一部分 OFDI 流向了英属维尔京群岛、开曼群岛等国际避税地的事实相吻合。市场进入成本变量 $entrycost$ 的系数不显著，表明这一成本在企业的投资区位决策中不具有决定性作用，但系数的符号为负仍表明了方向上的影响。劳动力成本变量 *laborcost* 的系数显著为负，表明中国企业更倾向于到有廉价劳动力的东道国进行投资，以应对国内日益提高的劳动力成本。制度环境变量 *system* 的系数均显著为正，与理论预期一致，表明良好的东道国制度环境能有效吸引中国企业到当地进行投资。文化距离变量 *culture* 和地理距离变量 *distance* 的系数都显著为负，表明中国企业在选择 OFDI 的区位时更偏向于同中国邻近的国家，不管是地理上的邻近还是文化上的邻近，因为这能有效降低经营中的各种成本。

表 4 - 5 　　　　　　　　总体模型回归结果

变量	(1)	(2)	(3)	(4)	(5)	(6)
tfp	0.167 *** (4.79)	0.159 *** (4.22)	0.146 *** (3.92)	—	—	0.143 *** (4.41)
ln*size*	—	0.214 *** (3.78)	0.187 *** (4.13)	—	—	0.163 *** (4.51)
ln*age*	—	-0.047 (-0.43)	-0.041 (-0.51)	—	—	-0.055 (-0.69)
ln*klratio*	—	—	0.109 ** (2.45)	—	—	0.112 *** (4.11)
R&D	—	—	1.114 *** (6.35)	—	—	1.237 *** (7.85)
ln*gdp*	—	—	—	0.397 *** (5.37)	0.328 *** (6.21)	0.311 *** (5.66)
ln*pgdp*	—	—	—	0.426 *** (4.99)	0.409 *** (4.67)	0.452 *** (5.36)
ln*resource*	—	—	—	0.216 ** (2.39)	0.208 ** (2.44)	0.257 * (1.74)
tax	—	—	—	-0.107 * (-1.87)	-0.113 * (-1.80)	-0.147 * (-1.77)
entrycost	—	—	—	-0.065 (-0.09)	-0.058 (-0.11)	-0.096 (-0.22)
ln*laborcost*	—	—	—	-0.135 * (-1.79)	-0.129 * (-1.81)	-0.144 ** (-2.80)

续表

变量	(1)	(2)	(3)	(4)	(5)	(6)
system	—	—	—	—	0. 288 *** (7. 78)	0. 301 *** (9. 36)
ln*distance*	—	—	—	—	− 0. 177 ** (− 2. 59)	− 0. 164 ** (− 2. 66)
culture	—	—	—	—	− 0. 212 *** (− 6. 79)	− 0. 205 *** (− 5. 88)
constant	− 5. 861 *** (− 11. 79)	− 6. 933 *** (− 9. 75)	− 4. 375 *** (− 10. 28)	− 9. 832 *** (− 5. 77)	− 10. 114 *** (− 6. 19)	− 7. 366 *** (− 8. 26)
Log *likelihood*	− 3126	− 3578	− 3018	− 4567	− 4257	− 3692
pseudoR^2	0. 023	0. 116	0. 128	0. 167	0. 172	0. 175
LR chi2	1921. 76 (0. 000)	1946. 49 (0. 000)	2782. 18 (0. 000)	4693. 71 (0. 000)	6520. 14 (0. 000)	5478. 26 (0. 000)
Observations	98826	97463	97358	98847	98847	97358

注：括号内为回归系数的 z 统计量；*LR chi2* 栏括号内为 p 值；***、** 和 * 分别表示 1%、5% 和 10% 的显著性水平。

4.3.2　分组估计：所有制性质、资本密集度、是否出口

企业异质性特征和东道国特征对企业 OFDI 区位决策的影响是否会根据企业性质或者企业资本密集度的差异而表现出明显区别？又是否会根据企业是出口还是非出口企业的不同而有所差异？为了寻求答案，本书分别将总体样本划分成国有企业、民营企业和外资企业，劳动密集型与资本密集型企业，以及出口企业和非出口企业进行分组估计。

1. 企业所有制分组

根据工业企业数据库中的企业登记注册类型代码将全部样本分成国有企业、私营企业和外资企业三组，分组进行估计，回归结果见表 4 - 6。其中，第 (1) 列只引入企业异质性特征变量，第 (2) 列将全部变量引入模

型。结果显示，各分组变量的系数符号和显著性与前面的整体估计结果基本一致，因此下面主要对不同所有制企业的回归系数进行横向比较。① 其中，外资企业的 OFDI 活动主要为其全球战略布局服务，不列入考察范围。因此，下面我们重点比较国有企业和私营企业的差异。

首先来看企业异质性特征变量的系数差别。可以看出，国有企业全要素生产率变量 tfp 的系数均明显小于私营企业，表明国有企业 OFDI 的区位选择受生产率的影响小于私营企业，这可能与国有企业和私营企业对外投资的动机差异相关。国有企业本身肩负的政治任务，以及国资背景带来的各种政策优势，使国有企业在对外直接投资活动中必须将国家宏观利益放在首位，其次才是企业的微观效益；而民营企业则是更多出于纯粹的市场动机，为了降低成本、开拓市场、获取战略资源、提高盈利水平等目标进行对外直接投资，这种类型的投资跟前面理论模型中的追求利润最大化的代表性企业更加吻合，因此生产率变量对其 OFDI 区位选择的影响更加明显。同样，对于资本密集度变量 $klratio$ 和研发投资变量 $R\&D$，私营企业样本组的系数均大于国有企业样本组，表明这两个变量对私营企业 OFDI 区位选择的影响大于国有企业，其原因同上面的解释异曲同工。值得注意的是企业规模变量 $size$，国有企业样本组的系数值大于私营企业样本组，表明企业规模在国有企业的 OFDI 区位选择决策中是一个更为重要的影响因素，国有企业规模越大，其开展 OFDI 的倾向性就越强，这在一定程度上也是大型国企肩负的战略使命。

再来看东道国特征变量的系数差异。第一，代表市场规模的 GDP 和人均 GDP 变量表现出相反的特征，私营企业在 OFDI 区位选择中相比国有企业更加重视整体的市场规模即东道国 GDP，而国有企业相对更重视东道国的人均收入水平。第二，自然资源变量 $resource$ 对国有企业的影响明显大于私营企业，从另一个方面证明了国有企业更多地承担着对外获取能源资源的任务。因此其更倾向于到资源丰富的东道国进行投资。第三，对于东道

---

① 虽然 logit 模型的变量系数不代表变量的边际影响，但仍可以进行横向比较。

国税率水平变量 *tax*、市场进入成本变量 *entrycost* 和劳动力成本变量 *labor-cost*，私营企业比国有企业更加敏感，也表明私营企业大多数是基于利润最大化的目标进行OFDI，因此对各类成本非常重视；而国有企业可以优先获取各方面的资源，在银行贷款、国内税收、福利补贴等方面获得特殊优待，因此相对私营企业来说对 OFDI 的各类成本不是那么敏感。第四，对于制度环境变量 *system*，私营企业组的估计系数也明显大于国有企业组，表明国有企业在国家政策的支持下具有更高的风险承受能力，而且由于其国资背景，即使在制度环境相对较差的国家也具有一定的议价能力；而私营企业相对来说势单力薄，是典型的风险厌恶者，更倾向于寻找制度环境较好、政治稳定的国家进行投资。第五，地理距离变量 *distance* 和文化距离变量 *culture* 表现出相同的特征，同样是私营企业的 OFDI 区位决策对这两个变量更加敏感，实际上，一般来说地理距离与中国更近的国家其文化距离也较近。

总体来说，私营企业由于其更接近经济学中追求利润最大化目标的假设，因此其海外投资的区位决策也更符合主流理论的预期；国有企业的估计结果虽然也基本与理论预期相一致，但由于其较多考虑国家战略目标的责任，因此从程度上来说不如私营企业的市场行为表现得彻底。

表 4 - 6　　　　　　　按企业所有制分组回归结果

变量	国有企业		私营企业		外资企业	
	(1)	(2)	(1)	(2)	(1)	(2)
tfp	0.112 *** (4.98)	0.108 *** (4.36)	0.159 *** (3.99)	0.152 *** (4.21)	0.134 *** (3.85)	0.130 *** (4.06)
ln*size*	0.201 *** (4.22)	0.193 *** (4.61)	0.154 *** (4.54)	0.143 *** (4.37)	0.169 *** (4.28)	0.161 *** (4.55)
ln*age*	-0.044 (-0.62)	-0.051 (-0.70)	-0.036 (-0.55)	-0.048 (-0.63)	-0.039 (-0.81)	-0.046 (-0.79)
ln*klratio*	0.089 ** (2.41)	0.095 ** (2.11)	0.121 *** (3.65)	0.124 *** (4.11)	0.106 * (1.73)	0.110 * (1.69)

变量	国有企业		私营企业		外资企业	
	(1)	(2)	(1)	(2)	(1)	(2)
R&D	0.964 **	1.107 **	1.126 ***	1.245 ***	0.924	0.838
	(2.65)	(2.81)	(7.15)	(7.96)	(0.59)	(0.82)
lngdp	—	0.112 ***	—	0.348 ***	—	0.204 ***
		(5.38)		(5.59)		(5.17)
ln$pgdp$	—	0.467 ***	—	0.358 ***	—	0.442 ***
		(4.76)		(5.24)		(5.18)
ln$resource$	—	0.308 **	—	0.241 *	—	0.226 *
		(2.74)		(1.68)		(1.75)
tax	—	-0.122	—	-0.167 *	—	-0.134 *
		(-0.97)		(-1.68)		(-1.71)
$entrycost$	—	-0.088	—	-0.107	—	-0.092
		(-0.38)		(-0.45)		(-0.31)
ln$laborcost$	—	-0.125 **	—	-0.151 **	—	-0.136 **
		(-2.77)		(-2.69)		(-2.81)
$system$	—	0.203 ***	—	0.354 ***	—	0.208 ***
		(8.34)		(9.22)		(8.71)
ln$distance$		-0.153 *		-0.179 **		-0.158 **
		(-1.67)		(-2.68)		(-2.71)
$culture$	—	-0.188 **	—	-0.211 ***	—	-0.203 ***
		(-2.87)		(-5.63)		(-4.75)
$constant$	-5.375 ***	-7.933 ***	-4.695 ***	-8.132 ***	-6.133 ***	-8.344 ***
	(-10.59)	(-8.25)	(-9.26)	(-6.67)	(-8.19)	(-9.28)
Log $likelihood$	-2954	-3037	-3049	-4211	-3367	-3785
$pseudoR^2$	0.111	0.124	0.121	0.132	0.143	0.185
$LR\ chi2$	1824.67	3657.51	2032.18	4193.71	2527.13	5368.27
	(0.000)	(0.000)	(0.000)	(0.000)	(0.000)	(0.000)
$Observations$	7368	7368	63875	63875	16547	16547

注：括号内为回归系数的 z 统计量；$LR\ chi2$ 栏括号内为 p 值；*** 、** 和 * 分别表示 1%、5% 和 10% 的显著性水平。

2. 企业资本密集度分组

考虑到不同要素密集型的企业在计量模型中可能存在的差异，本书将总体样本分为劳动密集型与资本密集型两个类别，分别进行回归。劳动密集型与资本密集型的划分界限为资本密集度指标的样本均值，均值之上为资本密集型，均值之下为劳动密集型。估计结果见表 4 - 7。其中，第（1）列只引入企业异质性特征变量；第（2）列只引入东道国特征变量；第（3）列将全部变量引入模型。结果显示，各分组变量的系数符号和显著性与前面的整体估计结果基本一致，下面主要对不同样本组的回归系数进行横向比较。

表 4 - 7　　　　　　　　　按企业资本密集度分组回归结果

变量	劳动密集型			资本密集型		
	(1)	(2)	(3)	(1)	(2)	(3)
tfp	0.139 *** (3.89)	—	0.137 *** (4.56)	0.144 *** (3.77)	—	0.141 *** (4.68)
ln$size$	0.201 *** (4.63)	—	0.185 *** (4.77)	0.174 *** (4.28)	—	0.152 *** (4.66)
lnage	0.028 (0.27)	—	0.031 (0.39)	-0.038 (-0.41)	—	-0.051 (-0.62)
R&D	0.827 *** (6.18)	—	0.993 *** (7.33)	1.123 *** (6.14)	—	1.249 *** (7.26)
lngdp	—	0.297 *** (6.13)	0.268 *** (5.02)	—	0.336 *** (6.32)	0.324 *** (5.47)
ln$pgdp$	—	0.389 *** (4.29)	0.431 *** (5.01)	—	0.413 *** (5.03)	0.465 *** (5.29)
ln$resource$	—	0.203 ** (2.35)	0.231 ** (2.89)	—	0.222 ** (2.41)	0.264 ** (2.64)
tax	—	-0.128 * (-1.74)	-0.153 * (-1.67)	—	-0.106 * (-1.69)	-0.134 * (-1.81)
$entrycost$	—	-0.043 (-0.16)	-0.076 (-0.25)	—	-0.054 (-0.19)	-0.088 (-0.33)

续表

变量	劳动密集型			资本密集型		
	(1)	(2)	(3)	(1)	(2)	(3)
ln*laborcost*	—	-0.167 *** (-3.89)	-0.203 *** (-4.80)	—	-0.101 * (-1.77)	-0.137 ** (-2.68)
system	—	0.267 *** (7.37)	0.315 *** (8.86)	—	0.297 *** (8.18)	0.323 *** (9.44)
ln*distance*	—	-0.156 (-0.68)	-0.171 * (-1.66)	—	-0.183 ** (-2.61)	-0.170 ** (-2.58)
culture	—	-0.302 *** (-6.23)	-0.287 *** (-5.77)	—	-0.211 *** (-6.01)	-0.198 *** (-5.47)
constant	-4.369 *** (-10.10)	-6.212 *** (-6.79)	-7.354 *** (-8.16)	-4.328 *** (-9.29)	-6.212 *** (-6.79)	-8.355 *** (-7.23)
Log *likelihood*	-3269	-4854	-3396	-3147	-4639	-3777
pseudoR^2	0.114	0.157	0.169	0.121	0.164	0.172
*LR chi*2	2851.16 (0.000)	4678.73 (0.000)	4978.33 (0.000)	2632.27 (0.000)	4573.94 (0.000)	5367.24 (0.000)
Observations	39094	40150	39062	58264	58697	58296

注：括号内为回归系数的 z 统计量；*LR chi*2 栏括号内为 p 值；*** 、** 和 * 分别表示1%、5% 和 10% 的显著性水平。

企业异质性特征变量方面，两个样本组的全要素生产率变量系数差别不大，企业年龄变量系数仍旧不显著，这里不再讨论。劳动密集型样本组的企业规模变量系数明显大于资本密集型样本组，表明劳动密集型企业的OFDI 区位决策更加受到企业规模大小的影响，企业规模越大其进行 OFDI 的概率越高，这也是劳动密集型企业进一步开拓市场和降低生产成本的需要。资本密集型样本组的研发投入变量系数明显大于劳动密集型样本组，这也与我们的预期相吻合，即研发因素在资本密集型企业的对外投资决策中的作用很突出，而对于劳动密集型企业则相对弱化。

东道国特征变量方面，资本密集型企业样本组在市场规模变量、自然资源变量的系数上均显著大于劳动密集型企业组，表明前者相比于后者在选择 OFDI 区位时更加看重东道国的市场和资源条件。在税率水平和劳动力成本变量的系数上，劳动密集型样本组明显大于资本密集型，表明劳动力密集型企业对东道国的税收成本和劳动力成本更加敏感，随着中国国内劳动力成本的不断上涨，纺织服装等劳动密集型企业开始向越南、柬埔寨等低劳动力成本国家转移工厂和生产线，这也在一定程度上验证了实证结论。文化距离变量的系数方面，劳动密集型样本组的估计系数的绝对值也明显大于资本密集型样本组，这表明劳动密集型企业更倾向于到文化相通或相近的国家进行投资，劳动力密集型企业需要在东道国雇用大量工人，而对文化习俗同中国相似国家的工人进行管理，可以直接移植国内的方法和经验，降低管理运营成本。

3. 企业是否出口分组

根据工业企业数据库中的出口交货值变量对企业进行分类，出口交货值大于 0 为出口企业，出口交货值等于 0 为非出口企业。在工业企业数据库全样本中，出口企业大约占到全部企业的 25% 左右，而匹配之后的对外投资企业样本数据中，同时开展出口业务的企业占到 65% 以上，这表明大多数的 OFDI 企业会同时开展出口业务，也就是同时采用出口和对外直接投资两种方式服务海外市场。分组估计的结果见表 4 - 8。其中，第（1）列只引入企业异质性特征变量，第（2）列只引入东道国特征变量，第（3）列将全部变量引入模型。跟前面的分组检验一样，各分组变量的系数符号和显著性与前面的整体估计结果大体上一致，因此主要对不同样本组的回归系数进行横向比较。

表 4 - 8　　　　　　　　　按企业是否出口分组回归结果

变量	出口企业			非出口企业		
	（1）	（2）	（3）	（1）	（2）	（3）
tfp	0.106 *** (4.63)	—	0.101 *** (5.01)	0.152 *** (4.18)	—	0.146 *** (4.77)
ln$size$	0.186 *** (4.25)	—	0.167 *** (4.12)	0.199 *** (4.33)	—	0.171 *** (4.57)
lnage	0.034 * (1.47)	—	0.042 * (1.36)	0.037 (0.58)	—	0.049 (0.66)

续表

变量	出口企业			非出口企业		
	(1)	(2)	(3)	(1)	(2)	(3)
R&D	1.226*** (7.23)	—	1.234*** (6.93)	1.108*** (6.28)	—	1.112*** (7.33)
ln*gdp*	—	0.345*** (6.28)	0.322*** (5.33)	—	0.316*** (6.24)	0.304*** (5.67)
ln*pgdp*	—	0.476*** (4.34)	0.488*** (5.66)	—	0.401*** (5.29)	0.421*** (5.87)
ln*resource*	—	0.201** (2.44)	0.227** (3.02)	—	0.289** (2.69)	0.306** (2.77)
tax	—	-0.124* (-1.70)	-0.149* (-1.72)	—	-0.101* (-1.18)	-0.126 (-0.98)
entrycost	—	-0.054 (-0.31)	-0.069 (-0.29)	—	-0.048 (-0.23)	-0.076 (-0.41)
ln*laborcost*	—	-0.114** (-2.89)	-0.146*** (-4.99)	—	-0.143* (-1.73)	-0.171** (-2.59)
system	—	0.298*** (7.11)	0.311*** (7.79)	—	0.254*** (8.03)	0.300*** (9.12)
ln*distance*	—	-0.178* (-1.68)	-0.183* (-1.59)	—	-0.143** (-2.72)	-0.171** (-2.63)
culture	—	-0.311*** (-6.01)	-0.296*** (-5.89)	—	-0.223*** (-6.23)	-0.196*** (-5.66)
constant	-4.428*** (-10.22)	-6.206*** (-7.18)	-7.354*** (-8.33)	-4.344*** (-9.17)	-6.108*** (-6.28)	-8.427*** (-6.97)
Log *likelihood*	-3336	-4074	-3457	-3029	-4664	-3719
pseudoR²	0.126	0.158	0.171	0.122	0.152	0.169
LR chi2	2938.18 (0.000)	3567.93 (0.000)	4237.34 (0.000)	3069.23 (0.000)	4446.91 (0.000)	5328.26 (0.000)
Observations	60414	61302	60414	36944	37545	36944

注：括号内为回归系数的 z 统计量；*LR chi2* 栏括号内为 p 值；*** 、** 和 * 分别表示1%、5% 和 10% 的显著性水平。

对于同时进行出口和对外直接投资的企业来说，其开展 OFDI 的动机相对多样化，但其中很重要的一项就是更好地为出口活动服务，通过在目标国开展投资，一方面，可以在当地就近开拓市场；另一方面，有利于绕过各类贸易壁垒。对于仅开展 OFDI 而没有出口活动的企业来说，其中相当一部分属于资源寻求型，即到东道国进行投资是出于获取廉价劳动力、自然资源等动机。正是由于两类 OFDI 企业战略动机的不同，导致其估计系数表现出明显差异。

企业异质性特征变量方面，出口企业组的全要素生产率变量系数明显小于非出口企业组，表明相对来说出口企业的 OFDI 决策对生产率不敏感，也就是说出口企业生产率水平的高低对其 OFDI 决策影响相对较小，这说明很多出口企业是为了更好地扩大出口而开展的对外投资，而不完全是因为其生产率达到了 OFDI 东道国的生产率阈值。企业规模变量的系数上，非出口企业组稍大于出口企业组，表明非出口企业的 OFDI 决策对其企业规模的要求更高，这与资源型企业的对外投资活动特征相吻合。值得注意的是，在企业年龄变量的系数上，出口企业组达到了显著，这表明出口企业在经过一定时期的出口活动以后，具有进一步开展 OFDI 的倾向。

东道国特征变量方面，市场规模两个变量的系数上，出口企业组均大于非出口企业组，表明出口企业的 OFDI 区位选择更加看重东道国市场规模和消费水平，这与其出口导向的 OFDI 动机相吻合。自然资源变量的系数上，非出口企业组显著大于出口企业组，这与我们的预期相一致，即非出口企业组中包含相当数量的资源开发类企业。在东道国特征变量当中，出口企业的 OFDI 区位决策对于税率水平、制度环境、地理距离和文化距离变量更加敏感，而非出口企业的 OFDI 区位决策对于劳动力成本变量更加敏感，其原因在于这类企业的海外资源开发活动需要雇用大量当地工人。

4.3.3 稳健性检验

为了确保研究结论的可靠性，本章还从多个方面进行了稳健性检验，其中重点是对关键指标的重新测度和样本数据的重新筛选。从稳健性检验的整体结果来看，各变量的估计结果没有发生根本性的变化，证明本章得到的实证分析结论是稳健的。

1. 关键指标的重新测度

由于使用 OLS 方法估计全要素生产率可能出现同时性偏差和样本选择性偏差问题，所以有必要在稳健性检验中采用更先进的方法更精确地估算企业层面的生产率。本书采用近年来由莱文森和佩特林（Levinsohn & Petrin, 2003）发展起来的半参数法（LP 法）进行再次估算。这种半参数估计方法使用中间投入品作为无不可观测生产率冲击的代理变量，很好地规避了内生性问题和同时性偏差，对全要素生产率的估计精度得到较大提高。更进一步地，为了区分行业特征，本书对各二位数产业的差异化生产函数分别进行估计。但正如前文所说，中国工业企业数据库部分年份缺乏中间投入品的数据，因此这里将这些缺少相应指标数据的样本剔除。表 4-9 第（1）栏给出了用 LP 法测算的生产率变量的回归结果，系数符号和显著性均没有发生显著变化。另外，作为全要素生产率之外的另外一个选择，本书也使用劳动生产率（工业总产值/员工数量）进行稳健性估计，结果见表 4-9 第（2）栏，系数符号和显著性同样没有得到根本性改变。

表 4-9　　　　　　　　　稳健性检验回归结果

变量	(1) LP 法估计 tfp	(2) 劳动生产率	(3) 行业市场规模	(4) 资源和制度	(5) 筛除避税地	(6) 筛除香港地区
tfp	0.114*** (5.69)	0.098*** (3.31)	0.142*** (4.46)	0.141*** (4.52)	0.133*** (4.65)	0.138*** (4.39)
lnsize	0.162*** (4.54)	0.161*** (4.62)	0.159*** (4.63)	0.158*** (4.57)	0.157*** (3.96)	0.160*** (4.68)
lnage	-0.051 (-0.58)	-0.053 (-0.64)	-0.053 (-0.61)	-0.054 (-0.72)	-0.047 (-0.87)	-0.051 (-0.70)
lnklratio	0.109*** (4.23)	0.110*** (4.16)	0.110*** (4.67)	0.111*** (4.62)	0.101*** (4.63)	0.106*** (4.32)

续表

变量	(1) LP 法估计 tfp	(2) 劳动生产率	(3) 行业市场规模	(4) 资源和制度	(5) 筛除避税地	(6) 筛除香港地区
R&D	1.231 *** (7.66)	1.233 *** (7.78)	1.234 *** (7.79)	1.235 *** (7.67)	1.228 *** (7.76)	1.203 *** (7.01)
lngdp	0.308 *** (5.47)	0.313 *** (5.68)	0.314 *** (5.77)	0.309 *** (5.28)	0.277 *** (5.21)	0.303 *** (5.27)
lnpgdp	0.445 *** (5.27)	0.450 *** (5.29)	0.454 *** (5.21)	0.451 *** (5.16)	0.401 *** (5.88)	0.437 *** (5.18)
lnindustry scale	—	—	0.0478 *** (3.68)	—	—	—
lnresource	0.255 * (1.64)	0.254 * (1.77)	0.242 * (1.71)	1.112 *** (4.01)	0.241 * (1.74)	0.214 ** (2.88)
tax	−0.144 * (−1.69)	−0.145 * (−1.72)	−0.143 * (−1.65)	−0.142 * (−1.67)	−0.106 (−0.64)	−0.128 * (−1.69)
entrycost	−0.094 (−0.20)	−0.097 (−0.21)	−0.092 (−0.33)	−0.089 (−0.31)	−0.091 (−0.37)	−0.077 (−0.55)
lnlaborcost	−0.142 ** (−2.78)	−0.144 ** (−2.89)	−0.141 ** (−2.65)	−0.140 ** (−2.71)	−0.139 ** (−2.77)	−0.126 * (−1.81)
system	0.303 *** (9.44)	0.300 *** (9.42)	0.305 *** (9.22)	0.897 *** (5.21)	0.288 *** (8.52)	0.345 *** (8.28)
lndistance	−0.162 ** (−2.68)	−0.163 ** (−2.25)	−0.161 ** (−2.94)	−0.159 ** (−2.85)	−0.160 ** (−2.71)	−0.057 ** (−2.59)
culture	−0.202 *** (−5.64)	−0.205 *** (−5.89)	−0.207 *** (−5.47)	−0.210 *** (−5.30)	−0.214 *** (−5.47)	−0.108 *** (−6.36)
constant	−7.361 *** (−8.31)	−7.364 *** (−8.13)	−7.354 *** (−8.10)	−7.411 *** (−7.99)	−7.283 *** (−8.01)	−8.329 *** (−6.45)
Log likelihood	−3682	−3697	−3721	−3801	−3825	−4283
pseudoR^2	0.176	0.174	0.180	0.177	0.169	0.161
LR chi2	5466.31 (0.000)	5471.38 (0.000)	5528.21 (0.000)	5537.66 (0.000)	5422.40 (0.000)	6236.93 (0.000)
Observations	97364	97645	97358	97358	88567	49268

注：括号内为回归系数的 z 统计量；LR chi2 栏括号内为 p 值；*** 、** 和 * 分别表示1%、5% 和 10%的显著性水平。标示下划线的位置代表重新测度的指标及其估计系数。

除了生产率指标以外，我们还对几个东道国特征指标的测度方式进行了调整。其中，市场规模变量细化到行业层面，采用目标国家某一行业的总产量来重新测度，数据来自 STAN Database。自然资源变量采用东道国的全部自然资源储备的价值加总来重新测度，数据来自 Dealogic Database。制度环境变量用《国际国别风险指南》(international country risk guide，ICRG) 中的政治风险指数进行重新测度，采用其中的政治稳固度、投资不确定性、法律规章 3 个分项指标的均值。结果见表 4-9 第（3）、第（4）栏，系数符号和显著性发生了一些变化，特别是重新测度的自然资源变量对企业 OFDI 区位选择的影响更加明显。

2. 样本数据的重新筛选

由于向避税地投资的动机与一般的投资差别较大，在稳健性检验中，本书删除了仅向国际避税天堂（样本中为"开曼群岛""英属维京群岛"和"百慕大群岛"）投资的企业样本，重新估计的结果见表 4-9 第（5）栏。可以看出，除了税率变量的系数变得不再显著，其他变量的系数变化均不大，这与企业向避税地进行投资的动机相吻合。在将这些以避税为目的的企业样本筛除以后，税率水平变量对企业 OFDI 区位选择虽然仍具有负向影响，但却变得不那么显著了。也就是说，中国企业在对避税天堂以外的国家和地区进行投资决策时，东道国税率水平并不是一个关键的决定因素。

中国香港作为中国内地企业 OFDI 的首要地区，无论是各年投资流量还是总体存量均占到中国内地企业对外直接投资的一半以上，这其中除了特殊的地理优势和文化优势，还包含前文提到的返程投资、跳板投资等因素，与向其他地区进行的投资活动也有较大的动机差异。因此，这里将仅向中国香港投资的企业样本剔除进行再次估计，结果见表 4-9 第（6）栏。可以看到，大部分变量的估计结果变化不大，但系数绝对值都有一定程度的缩小，其中特别明显的是地理距离和文化距离变量，系数的绝对值大幅度减小，表明在去除掉流向中国香港的 OFDI 样本之后，这两个变量在企业对外投资区位决策中的重要性有所降低。

4.4

扩展分析：基于多元 Logit 模型的洲际比较

前面我们使用条件 Logit 模型分析了影响中国企业 OFDI 区位选择的企业异质性特征和东道国特征，下面我们进一步使用多元 Logit 模型（Multinomial Logit Model）对企业 OFDI 的区位选择进行扩展分析。我们对 OFDI 区位按洲际进行分类，区位 1 代表亚洲，区位 2 代表欧洲，区位 3 代表北美洲，区位 4 代表拉丁美洲，区位 5 代表非洲，区位 6 代表大洋洲。与王方方（2012）将国内非 OFDI 企业定义为基准类别的做法不同，本书将区位 1（亚洲）定义为基准类别进行回归。[①] 由于条件 Logit 模型一般用来研究选择某种方案（东道国）的概率与决策者（企业）的特征变量以及方案（东道国）的特征变量之间的关系，而多元 Logit 模型一般只用来研究选择某种方案（东道国）的概率与决策者（企业）的特征变量之间的关系，因此在多元 Logit 模型中舍去东道国特征变量，仅保留企业异质性特征变量。回归结果见表 4 – 10。

表 4 – 10　　　　　　　　OFDI 区位选择多元 Logit 回归结果

变量	区位 2 欧洲	区位 3 北美洲	区位 4 拉丁美洲	区位 5 非洲	区位 6 大洋洲
tfp	0.005 ** (2.63)	0.007 ** (2.58)	0.000 (0.23)	− 0.002 * (− 1.68)	− 0.001 (− 0.58)
$\ln size$	0.018 *** (15.33)	0.009 *** (14.67)	0.014 *** (9.12)	0.026 *** (17.39)	0.020 *** (16.25)
$\ln age$	0.027 * (1.41)	0.056 ** (2.48)	0.041 (0.36)	0.005 (0.21)	0.033 * (1.52)

---

① 多元 Logit 模型要求被解释变量的各个类别必须是对等的，也就是说在可供选择的类别中，不能有主要类别和次要类别混杂在一起的情况，因此，我们这里的设定更加符合模型要求。

续表

变量	区位 2 欧洲	区位 3 北美洲	区位 4 拉丁美洲	区位 5 非洲	区位 6 大洋洲
R&D	0.217 *** (6.45)	0.380 *** (11.23)	−0.034 *** (10.93)	−0.103 *** (6.87)	0.076 *** (9.26)
constant	−5.466 *** (−15.26)	−6.111 *** (−9.13)	−9.374 *** (−18.34)	−8.512 *** (−10.35)	−6.113 *** (−11.29)
Log *likelihood*	−478				
pseudo R²	0.109				
LR *chi2*	358.24 (0.000)				
Observations	8975				

注：区位 1（亚洲）为基准类别。括号内为回归系数的 z 统计量；LR *chi2* 栏括号内为 p 值；***、** 和 * 分别表示 1%、5% 和 10% 的显著性水平。

可以看出，模型的整体拟合效果一般（*pseudo* R^2 = 0.109），但在 1% 的显著性水平上解释变量是联合统计显著的（LR *chi2* = 358.24）。对于多元 Logit 模型，变量的系数为正表明随着该解释变量的增大，决策者会更倾向于选择该类别而不是基准类别。因此，根据全要素生产率变量的估计系数可知，在其他影响因素不变的情况下，随着企业生产率的提升，企业选择欧洲和北美洲进行 OFDI 的倾向相对于亚洲明显提高，而选择非洲进行 OFDI 的倾向相对于亚洲来说明显下降。这与我们的预期判断是基本吻合的，大量生产率不高的企业会由于地缘文化优势选择在亚洲周边（主要是中国香港）进行投资，而随着生产率的提升，企业会开始选择进军欧美发达国家。从企业规模变量的系数（全部显著为正）可知，随着企业规模的扩大，企业对亚洲以外地区的 OFDI 倾向会逐渐提高；从企业年龄变量的系数（全部为正，但只有欧洲、北美洲和大洋洲显著）可知，企业在 OFDI 初期往往会选择中国香港等地进行投资，随着企业经营时间的拉长和经验的积累，企业 OFDI 会从亚洲逐渐向世界其他地区拓展；从企业研发投入变量的系数（欧洲、北美洲和大洋洲显著为正，而拉丁美洲和非洲显著为负）可以看出，企业在加大研发投入以后会更倾向于到欧洲和北美等地区投资，这也是技术获取型 OFDI 的典型特征，而对于拉丁美洲和非洲地区则正好相反。

综合多元 Logit 模型的回归结果，我们可以得到：相对于在亚洲地区投资，随着企业全要素生产率和研发投入的增加，中国企业会更倾向于到欧洲和北美洲进行投资，而对于拉丁美洲和非洲地区则正好相反；随着企业规模的扩大和企业年龄的增加，中国企业会更加倾向于到亚洲以外的地区进行投资。

4.5

本章小结

本章在对耶普尔（2009）、陈和摩尔（2010）的模型进行拓展得出理论推论的基础上，运用中国工业企业数据库和商务部境外投资企业（机构）名录匹配得到的企业层面样本数据，对中国企业 OFDI 区位选择的影响因素进行了全面检验，其中既包含企业异质性特征因素，也包含东道国特征因素，并进一步对不同所有制性质、不同资本密集度和不同出口状态的企业进行了分组检验，对中国企业 OFDI 的洲际区位选择进行了扩展分析。在计量方法的选择上，本章分别运用了条件 Logit 和多元 Logit 方法进行模型估计，并采用多种方式进行了稳健性检验。

本章得出的主要结论如下：

第一，总体上来说，企业生产率、企业规模、资本密集度和研发投入变量均对企业的对外直接投资决策具有显著的正向影响，即随着企业规模的扩大、生产率和资本密集度的提高，以及 R&D 投入的增加，其进行 OF-DI 的概率会不断提高；东道国市场规模、自然资源和制度环境变量对企业的 OFDI 区位决策具有显著的促进作用，而东道国税率水平、劳动力成本、文化距离和地理距离变量与企业选择该东道国投资的概率具有显著的负相关关系，也就是说，中国企业更倾向于选择市场规模较大、自然资源较丰富、制度环境较好、税率水平和劳动力成本较低，文化距离和地理距离更临近的国家和地区进行投资。

第二，从样本分组来看，在大部分的企业异质性特征和东道国特征变量上，国有企业的受影响程度小于私营企业，即私营企业的 OFDI 区位决策对这些因素相比国有企业更加敏感；资本密集度分组方面，劳动密集型企业的 OFDI 区位决策更加受到企业规模、东道国税率水平、劳动力成本、文化距离等因素的影响，而资本密集型企业受企业研发投入、东道国市场规模、自然资源等因素的影响更明显；出口和非出口企业分组方面，非出口企业的 OFDI 区位决策对企业生产率、企业规模、东道国自然资源、劳动力成本等因素更加敏感，而出口企业对东道国市场规模、税率水平、制度环境、地理距离和文化距离等因素更加敏感。

第三，从不同的洲际区位比较来看，相对于在亚洲地区（主要是以中国香港为代表的周边地区，具有地缘文化优势）投资，随着企业全要素生产率和研发投入的增加，中国企业会更倾向于到欧洲和北美洲进行对外直接投资，而对于拉丁美洲和非洲地区则正好相反；随着企业规模的扩大和企业年龄的增加，中国企业会更加倾向于到亚洲以外的地区进行投资。

第5章

企业异质性视角下中国对外
直接投资的模式选择

选择合适的对外直接投资模式是跨国企业国际化进程中的重要环节，关系到企业以后的绩效表现及战略选择。对于一家决定对外投资的企业而言，其面临四种进入模式的选择：绿地投资还是跨国并购？独资抑或合资？当然，这四种模式存在相互交叉。企业在做出对外直接投资进入模式的决策时，主要考虑了哪些因素？这些因素对其最终决策的影响方向和影响程度如何？本章着重对这一问题进行深入探讨。在理论模型分析的基础上，重点探讨了影响企业绿地投资和跨国并购二项选择的企业层面和东道国层面因素，并运用匹配样本进行详细的实证检验。同时，在扩展分析中进一步对中国企业在独资与合资之间的 OFDI 模式选择进行分析和检验。可以说，本章给出了一个较为完整和全面的关于企业 OFDI 模式选择问题的研究。

5.1

理论模型：Stepanok（2012）模型的简化

本章借鉴斯图潘克（2012）的模型并加以简化，来分析企业 OFDI 在跨国并购和绿地投资之间的选择问题。该模型假设世界上只有本国和外国两个国家，每个国家的人口规模都是外生的并且不会变动。劳动力是唯一的生产要素，劳动力市场是完全竞争的并且失业率为零，每个工人具有一单位的劳动力。

5.1.1　消费者和企业设定

假设代表性消费者的效用函数为 CES 形式：

$$u \equiv \left(\int_0^{m^c} x\,(\omega)^\alpha d\omega \right)^{\frac{1}{\alpha}} \tag{5.1}$$

其中，m^c 代表本国市场的产品种类；$x(\omega)$ 表示代表性消费者对产品 ω 的消费量；产品间的差异化程度由 $\alpha \in (0,1)$ 决定，相应的其替代弹性为 $\sigma \equiv 1/(1-\alpha) > 1$。根据消费者效用最大化，可以得到需求函数为：

$$x(\omega) = \frac{p\,(\omega)^{-\sigma}}{P^{1-\sigma}} c \tag{5.2}$$

其中，$P \equiv \left(\int_0^{m^c} p\,(\omega)^{1-\sigma} d\omega \right)^{\frac{1}{1-\sigma}}$ 表示总的价格水平；c 表示个人支出；$p(\omega)$ 表示产品 ω 的价格。

企业开发一种新产品需要付出固定成本，这一固定成本相当于 F_I 个单位的劳动力。当企业完成新产品的开发投资以后，其生产的边际成本就服从一个概率密度函数 $g(a)$ 和一个累积密度函数 $G(a) = \int_0^a g(a)da = (a/\bar{a})^k$，较低的边际成本对应着较高的生产率。同样，这里的生产率（即相应的边际成本）表示用来衡量生产效率的加总指标，一般来讲，可认为生产效率包含知识技术、研发能力、管理能力等与生产相关的企业异质性特征。

给定生产一种新产品 ω 的边际成本为 $a(\omega)$，则企业在本国市场利润为：

$$\pi_L = \max_{p_L} [p_L - a(\omega)] x_L(\omega) \tag{5.3}$$

其中，p_L 表示拥有产品 ω 的专利权的企业在本国市场的定价；$x_L(\omega)$ 表示这种产品的需求量。根据式（5.2）和 $C \equiv cL$（总支出），可以得到这种产品的最优价格为：$p_L(\omega) = [\sigma/(\sigma - 1)]a(\omega)$；本国市场利润为：

$$\pi_L = \delta \left(\frac{a(\omega)}{P}\right)^{1-\sigma} C \qquad (5.4)$$

其中，$\delta \equiv (\sigma - 1)^{\sigma-1}\sigma^{-\sigma}$。企业将产品出口可以得到的利润表示为：

$$\pi_L = \max_{p_E}[p_E - \tau a(\omega)]x_E(\omega) \qquad (5.5)$$

其中，$\tau > 1$ 表示贸易的冰山成本参数；$x_E(\omega)$ 表示这种贸易产品的需求量。同样可以得到产品的最优贸易价格为：$p_E(\omega) = [\sigma/(\sigma - 1)]\tau a(\omega)$，出口利润为：

$$\pi_E = \delta \left(\frac{\tau a(\omega)}{P}\right)^{1-\sigma} C \qquad (5.6)$$

本国市场利润和出口利润的关系可以表示为 $\pi_E = \theta\pi_L$，其中 $\theta = \tau^{1-\sigma}$。显然，在国家完全封闭的情况下，$\theta = 0$；在自由贸易的情况下，$\theta = 1$。

5.1.2　企业价值与边际成本门槛

假设有四种类型的企业。第一种只服务国内市场，将其价值表示为 $v_L(a)$；第二种类型为服务本国市场并且向外国出口，其价值表示为 $v_L(a) + v_E(a)$，其中 $v_E(a)$ 表示其出口部门的价值；第三种是服务本国市场并且收购一家外国企业，其价值为 $v_L(a) + v_L(a')$，a' 表示收购的海外企业的生产率；第四种是服务本国市场并且在国外新建一间工厂，其价值为 $2v_L(a)$，因为其在两个市场销售同一种产品，不需要支付贸易成本，并且新建企业具有同国内企业相同的生产率。

每家企业都面临一个外生的退出概率 γ，因此国内企业的价值为：

$$v_L(a) = \pi_L(a)/\gamma \qquad (5.7)$$

企业出口部门的价值为:

$$v_E(a) = \pi_E(a)/\gamma \qquad (5.8)$$

根据式 (5.7)、式 (5.8) 以及 $\pi_E = \theta\pi_L$,可以得到 $v_E(a) = \theta v_L(a)$。

在本国市场销售的企业净值可以表示为 $f_L(a) = v_L(a) - F_L$。令企业服务本国市场的边际成本门槛值为 a_L,因此边际成本高于 a_L,即 $a \in (a_L, \bar{a})$ 的企业将不会进入本国市场。具有门槛边际成本的企业的净值必然等于破产企业的净值,v_F: $f_L(a_L) = v_F$。

5.1.3   海外市场进入

企业进入国外市场有三种方式。其中,通过出口方式进入的净值为 $f_E(a) = \theta v_L(a) - F_E$;通过绿地投资方式进入的净值为 $f_G(a) = v_L(a) - F_G$;通过并购方式进入的净值为 $f_M(a) = \psi v_L(a') - F_M$。

因为 v_L 与 $a^{1-\sigma}$ 成比例,所以 f_E、f_M、f_G 都可以表示为 $a^{1-\sigma}$ 的函数。图 5-1 给出了模型的一种均衡状态,即具有最低边际成本(也就是最高生产率)的企业会选择绿地投资方式 $[a \in (0, a_G) \, or \, a_G^{1-\sigma} < a^{1-\sigma}]$;具有稍高边际成本(中间生产率水平)的企业会选择并购方式 $[a \in (a_G, a_M) \, or \, a_M^{1-\sigma} < a^{1-\sigma} < a_G^{1-\sigma}]$;具有最高边际成本(最低生产率)的企业会选择出口方式 $[a \in (a_M, a_E) \, or \, a_E^{1-\sigma} < a^{1-\sigma} < a_M^{1-\sigma}]$。

具有新产品的企业的数量为 $\dot{m}/G(a_L)$,其中,有 $1 - G(a_L)$ 没有成功进入市场。因此,具有边际成本 $a \in (a_L, \bar{a})$ 的破产企业(也是被并购的目标)的数量为 $\dot{m}[1 - G(a_L)]/G(a_L)$,边际成本在 $a \in (a_G, a_M)$ 范围内的新产品的企业(寻找并购目标的企业)数量为 $\dot{m}[G(a_M) - G(a_G)]/G(a_L)$。因此,企业被并购的概率为 $\vartheta = [G(a_M) - G(a_G)]/[1 - G(a_L)]$,显然 $0 < \vartheta < 1$。

破产企业的价值应当等于其被并购的概率乘上从并购中获得的收益,

再乘上未来预期价值：$v_F = \vartheta(1-\psi)E[v_L(a')]$，其中 $1-\psi$ 表示被并购企业获得的收益份额。

跟梅里兹（Melitz，2003）相似，具有临界边际成本的出口企业的价值必须等于进入外国市场的固定成本，即 $f_E(a_E) = \theta v_L(a_E) - F_E = 0$，与前文结合可以得到：

$$a_E^{1-\sigma} = \frac{F_E}{\theta} \frac{\gamma}{\delta P^{\sigma-1} C} \qquad (5.9)$$

如图 5 - 1 所示，通过并购方式进入的企业的价值低于出口方式，将 a_M 定义为使得 $f_E(a_M) = f_M(a_M)$ 的边际成本门槛值。进一步可以得到：

$$a_M^{1-\sigma} = \frac{F_M - F_E}{\psi z^{1-\sigma} - \theta} \frac{\gamma}{\delta P^{\sigma-1} C} \qquad (5.10)$$

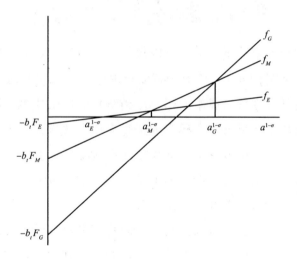

图 5 -1　异质性企业出口、并购和绿地投资对比

同样，可以得到绿地投资和并购之间的边际成本门槛值，也就是使 $f_G(a_G) = f_M(a_G)$ 的边际成本门槛值：

$$a_G^{1-\sigma} = \frac{F_G - F_M}{1 - \psi z^{1-\sigma}} \frac{\gamma}{\delta P^{\sigma-1} C} \qquad (5.11)$$

5.1.4 跨国并购与绿地投资的选择

根据前面可以得到，投向并购活动的总价值为 $F_M \dot{m}[G(a_M) - G(a_G)]/G(a_L)$，其中，$[G(a_M) - G(a_G)]/G(a_L)$ 表示开展并购活动的企业在全部 $\dot{m}$ 数量的企业中所占的比重；F_M 表示每家开展并购活动的企业的投入。类似地，投向绿地投资的总价值为 $F_G \dot{m} G(a_G)/G(a_L)$，其中 $G(a_G)/G(a_L)$ 表示选择绿地投资的比重；F_G 表示进行绿地投资的投入。因此，绿地投资的比重 Ω，可以用绿地投资的总价值比上绿地投资和并购的价值之和得到：

$$\Omega = \frac{F_G G(a_G)}{F_G G(a_G) + F_M[G(a_M) - G(a_G)]} \tag{5.12}$$

分子和分母同时除以 $G(a_L)$ 可以得到一个关于 $(a_M/a_L)^k$ 和 $(a_G/a_L)^k$ 的表达式。可以证明，$(a_M/a_L)^k$ 对于贸易自由化比 $(a_G/a_L)^k$ 更加敏感，原因是前者直接受到可变贸易成本的影响。当贸易的冰山成本 τ 降低时，原来潜在的跨国并购企业有可能会转变成通过出口方式进入外国市场。在这种情况下，绿地投资的价值有可能升高也有可能降低，但跨国并购投资的价值降低会使其在总的对外投资中的比重降低。也就是说，贸易自由化（θ 升高）会使绿地投资型 FDI 的比重上升。

综上所述，企业进行跨国并购的目的是获得效率以及技术和管理经验的转移。通过模型分析得出以下结论：首先，在其中一种均衡状态下，出口企业比非出口企业具有更高的生产率，进行 OFDI 的企业比出口企业具有更高的生产率，而在 OFDI 企业中，绿地投资企业比跨国并购企业具有更高的生产率。这里的生产率（边际成本）实际上是包含企业相关异质性特征的综合生产率，涉及知识技术、研发能力、管理能力等与生产相关的各项能力差异导致的综合生产率的差异。其次，两国在地理上越接近，一国企业在另一国越倾向于选择绿地投资方式进入市场；两国间的贸易自由化程度越高，一国企业在另一国越倾向于选择绿地投资方式。这其实也就是东道国地理距离、关税水平等方面的特征对投资模式选择产生的影响。

5.2

模式选择影响因素的实证检验

5.2.1　计量模型与方法：二元 Logit 模型

本章模型的被解释变量是对外直接投资模式选择，是绿地投资和跨国并购之间的二项选择，因此，可以采用二值结果模型进行估计。两个标准的二值结果模型是 Logit 模型和 Probit 模型，这两个模型为结果发生的概率 P 设定不同的函数形式作为回归系数的函数，并且通过极大似然估计进行拟合。Logit 模型和 Probit 模型从根本上来说没有明显差别，因此主要选择 Logit 模型进行实证检验。[①]

Logit 模型的基本设定形式为：

$$P_i = \frac{1}{1 + e^{-[\alpha + (\beta_1 + \beta_2 x_i)]}} \tag{5.13}$$

其中，x_i 表示各种影响因素；P_i 表示给定 x_i 时某个结果发生的概率，也就是说，某个结果发生的概率会随着 x_i 值的变化而变化；α 表示与 x_i 不相关的常数项；β_2 是回归系数。

5.2.2　变量说明与测度方式

根据理论模型得出的推论，本书选择母国企业异质性特征和东道国特征两大类自变量加入模型。其中，企业异质性特征方面的变量包括企业生

---

①　孟庆彬：《中国对外直接投资模式选择》，重庆大学硕士论文，2014 年。

产率、企业规模、资本密集度、研发投入、国际化经验、企业所有制形式等；东道国特征方面的变量包括经济发展水平、市场规模、贸易协定、地理距离、文化距离、制度环境等。需要说明的是，企业方面的变量均为国内母公司而不是海外投资公司的相关指标。相同指标的测度方式同第 4 章一致，这里不再赘述。表 5 – 1 给出了绿地投资与跨国并购的优缺点比较，这有助于我们更好地理解各种因素对企业 OFDI 模式选择的影响机理。如果一种变量能够更好地发挥绿地投资的优点并抑制其缺点，那么该变量很可能与企业选择绿地投资的概率成正比；相反，如果一种变量能更显著地发挥跨国并购的优势，那么该变量很可能跟企业选择绿地投资的概率成反比。

表 5 – 1 绿地投资与跨国并购的优缺点分析

投资模式	优点	缺点
绿地投资（greenfield investment）	（1）新企业的建设可控性较强，选址较为自由，手续相对简便； （2）可以充分运用企业现有资源，实现产能境外转移，促进母公司转型升级； （3）能够促进国内配套企业的产品出口； （4）新建企业约束较小，经营相对灵活； （5）有利于增加当地就业和税收，从而降低东道国的政策限制和各种抵制	（1）筹建工作量大，投资回收期长； （2）市场进入壁垒相对较高； （3）经营和政治风险高，投资风险大； （4）需要自行开拓市场，建立分销渠道，打开销路； （5）容易引起目标市场的激烈竞争； （6）较难进行跨行业投资以实现企业的多元化发展
跨国并购（merger & acquisition）	（1）无需进行重新建设，可以快速开始生产经营，能够跨越市场开拓阶段； （2）可以相对容易地进军全新行业，实现多元化发展，取得规模优势； （3）可以充分利用被并购企业原有的技术、人才、渠道和客户等各种资源； （4）减少竞争对手，增强行业集中度	（1）财务制度差异和信息不对称导致较难对目标企业准确估值； （2）需要一次性的巨额资金投入； （3）文化差异可能导致较大的企业整合难度，增加整合成本； （4）东道国政府的干涉与限制一般较多，特别是当并购标的属于战略性资产或国民经济中的重要部门时

资料来源：作者整理。

在进行比较之前，有必要明确一下绿地投资与跨国并购的概念。绿地投资也被称作新建投资，是指一国企业在另一国境内依法建立的全新企业，可能是独资企业也可能是合资企业；跨国并购是一国企业依法取得另一国现有企业的全部或部分股权的投资活动，并购是兼并和收购的总称。

1. 企业异质性特征变量

通常来讲，企业通过绿地投资方式进入外国市场能够更好地利用自身优势资源，而通过跨国并购进入外国市场是为了获取自身缺乏的战略资源。例如，一些新兴经济体的处于国际化初期的跨国企业，虽然实力雄厚但往往缺乏关键技术、国际化管理人才和经验，而跨国并购能够快速有效地解决这些问题，是企业国际化战略迅速实施并获得成功的捷径。

（1）企业生产率。根据本章理论模型的假设，在对外投资企业中，生产率较高的企业会倾向于选择绿地投资模式，生产率较低的企业倾向于采取跨国并购模式。但应当指出，对于企业生产率与对外投资模式选择之间的关系，已有的研究文献观点并不一致。一般来说，高生产率企业相对于低生产率企业通常拥有更具优势的管理组织能力，因而在后期对资产的整合能力就越强，为实现既定整合目标所付出的整合成本也越低；而且，考虑到高生产率企业跨国并购对东道国尤其是发展中国家可能产生正的技术溢出效应从而促进东道国技术进步与生产率增长（Barro & Martin，1995），因而高生产率企业实施跨国并购的审查成本可能要低。从这个角度上来说，高生产率企业更倾向于选择跨国并购模式。因此，总体上来说，企业生产率对 OFDI 模式选择的影响是不确定的。

（2）企业规模。企业规模是企业持有的全部生产要素在某一特定时间内的积累程度和集中水平。根据巴克利（1976）和阿加沃（1992）等学者的研究，企业规模在跨国公司对外直接投资的决策过程中起到至关重要的作用。一般情况下，一个企业的规模越大，其资金实力就越雄厚，融资渠道越广，它所能集中利用的生产要素和资源就会越多，在选择对外直接投资模式时承担风险的能力也会随之增强，能够承受在跨国并购过程中的各种潜在风险；同时因为整合资源的能力和国际化经营的能力相对较强，能够更加高效地吸收整合被并购企业的目标资产（Hennart，2004）。但是，威尔逊（1980）通过实证研究发现，中小企业比大型企业在处理并购活动时的灵活性更强，因而规模越小的跨国企业实施并购的绩效越高，选择并购模式的可能性越大。对于中国企业而言，我们并不清楚在并购的过程中到底是大企业的竞争优势还是小企业的灵活性发挥的作用更大，因此无法预计企业规模估计参数的符号。

（3）资本密集度。根据已有研究，以资本投入为主进行生产的企业，即资本密集型企业倾向于选择绿地投资模式，而以劳动力投入为主进行生产的企业，即劳动密集型企业则倾向于选择跨国并购模式（Elango，2005）。原因在于，资本密集型企业相对来说资金实力更强，技术实力更有优势，更能承担新建投资中所需的各项成本，而且绿地投资方式也能够防止核心技术的泄露；而劳动密集型企业毋庸置疑需要在东道国雇佣大量劳动力，通过跨国并购方式可以直接使用被并购企业的原有员工，降低招募和培训新员工的各项成本。当然，并购后的企业整合需要付出相应成本，而对资本的整合难度明显小于对人文资源的整合，这又会在一定程度上抑制劳动力密集型企业选择并购模式（Hennart & Reddy，1977）。因此，资本密集度对企业 OFDI 模式选择的影响在某种程度上取决于东道国与中国文化距离的远近，文化距离越远，劳动力密集型企业进行并购的整合成本越高，其选择跨国并购的概率就越低。

（4）研发投入。企业研发活动需要巨大的资金和人才投入，而且越往高端的研发活动，难度和风险越大，其需要的各项投入和取得的研发效果越不成正比。对于研发投入巨大的企业来说，它们会争取从研发成果中获得最大化收益，因此会采取各种方式防止专利技术泄露。所以，高研发投入企业在对外直接投资过程中会寻求较高的控制程度。而低研发投入企业为了弥补自身的技术短板，会更愿意采用跨国并购的方式获取目标企业的关键技术（Brouthers et al.，2002；Bhaumik & Gelb，2005）。从这个角度上来说，企业研发投入越高，越倾向于采取绿地投资的进入模式。

（5）企业所有制性质。国有企业特别是央企的对外直接投资，一般都或多或少带有国家宏观战略的影子，企业自身的微观目标只能是兼顾，因此国有企业在对外投资过程中也得到国家的大力支持。一些文献专门考察了中国国有企业对外直接投资的模式选择问题，发现很多国有企业愿意到自然资源富集但政治风险较高的国家和地区进行投资，而且显然这种类型的投资体现了国家战略。[①] 但是，国有企业的国资背景导致其在很多收购行动中受到东道国的高度警惕和各种阻挠。本书主要考察国有企业与非国有企业的差异，因此将国有企业赋值为 1，非国有企业赋值为 0。

2. 东道国特征变量

（1）经济发展水平。东道国的经济发展水平是影响企业投资模式决策的重要变量。如果东道国经济发展程度较高，那么一般来说其大部分行业的发展情况较好，行业配套和市场体系较为完善。到这种东道国进行投资，企业一般会选择跨国并购的进入模式。许多学者也通过实证检验得出结论：东道国经济发展水平越高，企业采用跨国并购模式进入的概率越高（Wilson，1980；Anderson et al.，1992）。但也有学者持不同观点，哈利和弗莱克（Harry & Freek，1998）通过实证检验认为，东道国较高的发展水平为企业进行绿地投资提供了良好条件。因此，东道国经济发展情况对企业 OFDI 模式选择的影响总体上是不确定的。本书使用投资东道国实际人均 GDP 作为东道国经济发展水平的代理变量。

（2）市场规模。一般来说，东道国的市场规模越大，采用直接投资方式进入该国市场的跨国企业拥有的市场机会就越多，受到的竞争压力就越小，拓展销售网络的难度就越小。因而企业通过并购获取当地市场资源的机会减弱，再考虑到新建投资更能控制核心技术，因此在市场规模大的国家投资，企业更可能选择新建模式。阿尔卡比等（Al-Kaabi et al.，2010）也实证发现了当东道国市场巨大时，采取新建投资方式是大多数跨国企业的战略选择。本书使用投资东道国 GDP 作为东道国市场规模的代理变量。

（3）关税水平。根据前面理论模型的结论，两国间的贸易自由化程度

---

① 周经、蔡冬青：《企业微观特征、东道国因素与中国 OFDI 模式选择》，载于《国际贸易问题》2014 年第 2 期。

越高，一国企业在另一国越倾向于选择绿地投资方式。因为绿地投资可以实现国内产能和资本的转移，可以带动国内关联产业的企业出口，而这两种优势的发挥需要两国间开放的贸易环境、较低的关税水平。相对来说，跨国并购模式对关税水平的变动并不敏感。因此，东道国关税水平越低，企业进行绿地投资的相关贸易成本越低，其越倾向于选择绿地投资的进入模式。

（4）地理距离。根据理论模型的结论，两国在地理上越接近，一国企业在另一国越倾向于选择绿地投资方式。实际上，地理距离对企业海外投资模式选择的影响机理同关税水平变量相似。东道国和中国距离越近，企业将资产进行跨国转移的运输成本越低，企业在两国间自由调配资源的成本也越低，因此其更倾向于采用绿地投资的方式进入东道国市场。另外，地理距离对企业 OFDI 模式选择的影响同文化距离联系密切，两国间地理上的邻近一般也意味着文化距离的临近，因此会通过文化差异的影响途径发挥作用。这将在下文进行讨论。

（5）文化距离。企业在对外直接投资过程中，如果与目的国家的文化差异较大，其面对的文化排斥、文化整合等问题就会增多，从而导致经营成本提高。鉴于此，企业需要在全面了解东道国的价值理念、思维方式、消费偏好的基础上，才可能做出科学的投资决策。相关文献研究表明，对外直接投资企业和东道国在文化上的差别有可能对其 OFDI 模式选择产生截然不同的影响。一方面，文化距离较远会使新建企业在建设过程中面临各种隐形规则问题，需要耗费很大成本同当地政府和民众搞好关系，这种情况下企业更倾向于选择跨国并购（Harzing，2002；Morosini et al.，1998）；另一方面，文化距离较远也会给并购后的企业带来整合上的难题，企业文化和经营理念较难落实到被并购企业，造成巨大的协调和管理成本，这种情况下企业倾向于选择绿地投资（Barkema & Vermeulen，1998；Drogendijk & Slangen，2006）。因此，东道国与中国的文化距离对企业 OFDI 模式选择的影响总体上也是不确定的。

（6）制度环境。制度环境主要包括东道国的法律法规健全程度、政治稳定程度、经济市场化程度等方面。在考察对外投资模式问题时，东道国的制度环境可能产生不同的影响。首先，较好的制度环境能有效减少企业经营当中的各种不确定性风险，使企业在东道国的各种利益得到保护；其次，东道国政府在制定宏观政策时，会注意对本国的产业安全和产业发展进行保护，对一些可能对本土企业造成巨大冲击的外国投资者进行限制。因此，制度环境能够影响企业对外直接投资进入模式的选择。相对来说，跨国并购因为程序复杂，对东道国法律法规和市场体系的要求更高。如果企业面临的制度环境较差，在东道国经营的风险也会随之增大，企业在跨国并购后的各项整合工作就无法高效开展，使其运营成本增加。因此，在制度环境较差的东道国开展直接投资，企业一般会采用对制度体系要求相对较低的绿地投资方式，这样能够最大限度地降低制度风险。从反面来说也就是：东道国制度环境越好，企业选择跨国并购进入方式的概率越高。

表 5－2　　　　　　　　　　　　变量定义明细

变量类型	变量名称	变量标识	预期符号	定义或说明	数据来源
被解释变量	投资模式	mode		选择绿地投资时取 1 选择跨国并购时取 0	作者搜集
企业特征变量	企业生产率	tfp	?	$ATFP = \ln(Q/L) - s\ln(K/L)$	工业企业数据库
	企业规模	size	?	工业销售产值/行业平均值	
	资本密集度	klratio	?	固定资产净值/雇员人数	
	研发投入	R&D	+	研发费用/工业销售产值	
	企业所有制	stateown	－	国有企业取 1 非国有企业取 0	
东道国特征变量	发展水平	pgdp	?	人均国内生产总值	世界银行数据库
	市场规模	gdp	+	国内生产总值	
	关税水平	tariff	－	WITS 加权平均关税率	
	制度环境	system	－	全球治理指数（WGI）6 项均值	
	地理距离	distance	－	两国之间的加权距离	CEPII 数据库
	文化距离	culture	?	Hofstede 文化维度的 KSI 指数	Hofstede 网站

5.2.3 数据来源与处理：工业企业匹配样本的指标补充

本章的样本数据是在上一章样本数据的基础上进一步整理得到的，即来源于中国工业企业数据库和商务部境外投资企业名录的匹配，具体的数据处理、筛选和匹配方法同第4章相同。但是，该样本数据缺少本章实证检验所需的关键指标，即企业对外直接投资的模式选择信息。因此，我们在现有样本数据的基础上，通过手动查询公司网站、上市公司年报、Zephyr并购数据库以及媒体公开报道等方式对模式选择指标进行补充。补充的信息主要包含两个方面：一是企业对外直接投资进入模式指标（跨国并购还是绿地投资）；二是企业对外投资股权模式指标（独资还是合资）。补全信息后，根据《对外直接投资统计制度》关于对外直接投资的定义，我们进一步剔除了中方控股权小于10%的投资项目。针对中国对外投资数据中存在明显的"返程投资"现象，我们再将投资目的地为中国香港、开曼群岛和维尔京群岛等的对外投资企业剔除。最终，得到2005~2009年169家企业的238笔对外投资数据。

从进入模式指标来看，绿地投资是我国内地企业对外直接投资中的主要进入模式，绿地投资项目数占比为76%，跨国并购项目数占比为24%。从地理分布来看，投到亚洲地区的样本数量最多，其中，投到港澳台地区的项目又占多数。从各洲绿地投资和跨国并购项目数的比较来看，亚洲、拉丁美洲、大洋洲、非洲的OFDI项目以绿地投资形式为主，而投到北美洲和欧洲的项目中，跨国并购占据了相当大的份额，远高于总体样本中跨国并购的比重（见表5-3）。总体来看，本章的样本数据特征同《中国对外直接投资统计公报》的宏观数据特征基本吻合，表明数据具有较高的可信度。

表 5 – 3　　　　　　　　　样本的地理分布及 OFDI 模式选择

投资区域	绿地投资	跨国并购	总计	比重（%）
北美洲	21	17	38	16.0
欧洲	36	16	52	21.8
亚洲	69	12	81	34.0
其中：港澳台	41	6	47	19.7
拉丁美洲	15	3	18	7.6
大洋洲	17	4	21	8.8
非洲	23	5	28	11.8
合计	181	57	238	100

现有中国 OFDI 模式研究的实证样本基本上有两个来源：一是通过问卷调查得到；二是通过查询上市公司等相关数据得到。由于大部分学者不具有权威背景，所以企业对问卷调查的配合度相对不高，这就导致得到的数据从可靠性和样本容量来说都不尽如人意；而通过公司网站等渠道查询得到的样本数据，因为查询的工作量巨大，且涉及多个企业指标数据，从不同渠道得到的数据可能会存在统计尺度上的差异。相对来说，本章在两个数据库匹配得到的样本数据基础上，仅对企业的 OFDI 模式信息进行查询补足，工作量相对较小，从而能够实现较高的准确度，而其余的企业层面指标均来自工业企业数据库，可靠性和可比性都较高。

在回归分析中，本书构建不同年度 OFDI 交易的混合样本，采用东道国和企业在 OFDI 交易核准上一年的特征变量的数值作为解释变量。这样，我们能够及时控制东道国和企业特征的变化对投资决策的影响，也能够通过滞后一期处理避免逆向因果关系等带来的内生性问题。关于内生性问题，对于东道国特征变量，由于个别企业的投资行为不可能对东道国总体经济和其他特征产生反向作用，所以可以忽略；对于企业异质性特征变量，由于企业对外投资可以通过学习效应促进生产效率提升和规模扩大，所以这两个变量都有可能是内生变量，而通过上面提到的滞后一期处理能有效避免逆向因果关系等带来的内生性问题。为减弱变量的异方差性，大部分变量以对数形式引入模型。此外,本书利用 Spearman 相关系数检验排除了各变量间存在多重共线性的可能。

表 5 – 4　　　　　　　　　变量的描述性统计特征

变量	观察值	均值	标准差	最小值	最大值
tfp	238	2.625	0.917	– 6.021	8.793
lnsize	238	– 0.854	1.224	– 11.233	5.176
lnklratio	238	3.589	1.253	– 6.001	8.571
R&D	238	0.003	0.015	0	1.124
stateown	238	0.165	0.321	0	1
lngdp	238	22.185	2.303	19.624	25.177
lnpgdp	238	8.314	1.468	4.256	11.247
tariff	238	3.224	1.147	0	18.68
system	238	0.477	0.231	0.155	0.886
lndistance	238	8.816	0.612	6.071	9.147
culture	238	4.316	0.521	3.418	4.566

5.3

实证结果分析与稳健性检验

进行回归分析前,首先使用 Spearman 偏相关系数检验各变量间的相关程度,结果显示,各变量的相关系数均低于 0.5(见表 5 – 5),并不存在明显的相关性问题。其中,企业研发投入和企业资本密集度变量的相关系数最高,达到 0.465;其次是国有企业虚拟变量和企业规模变量,相关系数达到 0.458;第三位的东道国 GDP 和人均 GDP 变量,相关系数为 0.413。其余变量间的相关系数均低于 0.4,表明不存在严重的多重共线性问题。同时,采用方差膨胀因子(VIF)再次检验模型的多重共线性问题,结果得到的 VIF 值均远低于 10 的门槛值水平,证明回归模型不存在共线性问题。

表 5 - 5　　变量的相关系数

变量	tfp	lnsize	stateown	lnklratio	R&D	lngdp	lnpgdp	tariff	system	lndistance	culture
tfp	1										
lnsize	-0.048	1									
stateown	-0.124	0.458	1								
lnklratio	0.327	0.316	0.331	1							
R&D	0.254	0.199	0.158	0.465	1						
lngdp	0.101	0.026	0.019	0.101	0.113	1					
lnpgdp	0.163	0.034	-0.021	0.253	0.214	0.413	1				
tariff	0.015	0.107	0.024	0.114	0.031	-0.051	-0.198	1			
system	0.108	0.035	-0.106	0.062	0.116	0.115	0.322	-0.106	1		
lndistance	0.004	0.014	0.196	0.003	0.001	0.002	0.013	-0.006	0.024	1	
culture	0.012	0.006	0.215	0.005	0.010	0.011	0.023	0.003	0.088	0.361	1

5.3.1 基准估计结果

使用 Stata13.0 软件，采用 Logit 模型进行估计，表 5-6 报告了总体样本的估计结果，其中第（1）~第（5）列将各解释变量依次引入，第（6）列给出了包含全部变量估计结果的边际效应。可以看出，随着解释变量的逐渐加入，模型的 $pseudo\ R^2$ 逐渐增大，表明模型中自变量对因变量的解释能力逐渐增强，模型的拟合优度逐渐提高，同时第（1）~第（5）中 $LR\ chi2$ 检验统计量的 p 值均小于 0.01，表明模型整体均为显著。

首先，考察企业异质性特征变量的系数。可以看出，全要素生产率 tfp 的系数均显著为负，且变化幅度不大，表明随着企业生产率的提高，企业采用跨国并购方式进入海外市场的倾向逐渐增强，虽然与理论模型的假设不符，但结果并不意外。这表明高生产率企业相比于低生产率企业，通过并购形成的资产互补协同效应越大，后期付出的资产整合成本也越小，因而选择跨国并购的可能性越大。企业规模变量 $size$ 的系数显著为正，表明在并购的过程中，企业的灵活性相对于规模实力对并购成功的影响更大，中小企业的灵活性更强，因此，规模越小的企业越可能选择并购模式。企业研发投入变量 R&D 的系数显著为正，与我们的预期相一致，表明研发投入越大的企业对核心技术泄露的担忧越强，因而更倾向于采用控制程度更强的绿地投资方式，而研发投入小的企业更希望通过跨国并购方式获取关键技术。企业资本密集度变量 $klratio$ 的系数显著为负，表明资本密集型企业更倾向于选择跨国并购，而劳动密集型企业更倾向于选择绿地投资。企业所有制性质虚拟变量 $stateown$ 的系数大部分显著为负，表明尽管一些敏感并购受到东道国的各种阻挠，但国有企业仍更加倾向于采用跨国并购的方式。

其次，考察东道国特征变量的系数情况。东道国市场规模变量 gdp 的系数均在 1% 的水平上显著为正，与理论预期相符，表明东道国市场规模越大，企业越希望通过绿地投资的方式进入，而不用担心当地市场饱和的危险。东道国经济发展水平变量 $pgdp$ 的系数显著为负，表明对于发展水平较高的东道国，中国企业更愿意采用跨国并购的方式进入来获取所需的技术、管理等战略资源。东道国关税水平变量 *tariff* 的系数显著为负，与预期相符，表明企业进行绿地投资时考察的一个关键因素就是向东道国转移各项资源的贸易成本（关税成本）问题。制度环境变量 *system* 的系数也显著为负，表明中国企业更喜欢在制度环境较好、规则明确的东道国进行跨国并购，以降低并购中的各种风险。文化距离变量 *culture* 的系数显著为正，表明文化距离越大，企业越倾向于采用绿地投资的方式，以规避跨国并购中企业文化整合的各种风险和成本。地理距离变量的系数不显著，但仍具有方向上的影响，即距离中国越远，越倾向于采用跨国并购，与理论预期相符。

表 5 - 6　　　　　　　　　　　总体模型回归结果

变量	Logit 模型					边际效应
	(1)	(2)	(3)	(4)	(5)	(6)
tfp	- 0. 106 *** (- 4. 12)	- 0. 113 *** (- 3. 36)	- 0. 121 *** (- 3. 28)	- 0. 117 ** (- 2. 61)	- 0. 125 ** (- 2. 54)	- 0. 029 ** (- 2. 55)
ln*size*	—	0. 045 *** (6. 58)	0. 108 *** (7. 44)	0. 116 *** (8. 15)	0. 127 *** (9. 38)	0. 031 *** (9. 37)
ln*klratio*	—	- 0. 107 *** (- 5. 83)	- 0. 111 *** (- 6. 86)	- 0. 103 *** (- 7. 17)	- 0. 139 *** (- 6. 43)	- 0. 032 *** (- 6. 44)
R&D	—	—	0. 173 *** (9. 83)	0. 231 *** (7. 62)	0. 274 *** (8. 29)	0. 061 *** (8. 27)
stateown	—	—	- 0. 257 (- 0. 78)	- 0. 264 * (- 1. 66)	- 0. 201 * (- 1. 71)	- 0. 047 * (- 1. 70)
ln*gdp*	—	—	—	0. 221 *** (3. 74)	0. 159 *** (4. 68)	0. 039 *** (4. 69)
ln*pgdp*	—	—	—	- 0. 093 * (- 1. 70)	- 0. 177 * (- 1. 53)	- 0. 041 * (- 1. 51)
tariff	—	—	—	- 0. 038 *** (- 3. 51)	- 0. 043 *** (- 4. 10)	- 0. 011 *** (- 4. 11)
system	—	—	—	—	- 0. 217 *** (- 3. 62)	- 0. 052 *** (- 3. 63)

变量	Logit 模型					边际效应
	(1)	(2)	(3)	(4)	(5)	(6)
ln$distance$	—	—	—	—	−0.174 (−0.09)	−0.042 (−0.08)
$culture$					0.231 ** (2.58)	0.054 ** (2.55)
常数项	−1.423 * (−1.78)	−1.367 * (−1.69)	−1.103 (−0.84)	−1.544 (−0.92)	−1.611 * (−1.61)	—
Log likelihood	−285.36	−274.13	−221.45	−312.14	−288.97	—
pseudo R^2	0.067	0.102	0.178	0.215	0.286	—
LR chi2	26.38 (0.000)	28.11 (0.000)	20.58 (0.000)	21.69 (0.000)	18.57 (0.000)	
Observations	238	238	238	238	238	

注：括号内为回归系数的 z 统计量；LR chi2 栏括号内为 p 值；*** 、** 和 * 分别表示1%、5%和10% 的显著性水平。

5.3.2 分组估计：所有制性质、资本密集度、国际化经验

同第 4 章相似，在进行整体样本的估计之后，我们再进一步探讨不同类型样本组的差异化表现。根据研究目标的不同，采用三个企业特征进行样本分组，分别是企业所有制性质、企业资本密集度、企业国际化经验。值得说明的是，尽管整体样本中已经包含企业所有制和资本密集度两个解释变量，但用这两个变量对样本分组再分别进行估计的意义是完全不同的。①

---

① 分组回归主要是考察对于不同类型样本企业的 OFDI 模式选择，各影响因素的作用方向和大小，这其实类似于交互项的作用。比如将整体样本分成国有和非国有企业分别进行估计，那么国有企业组得到的各解释变量系数类似于整体样本估计中各变量与企业所有制变量交互项的估计系数。但为了模型简化的需要，我们使用分组回归而不是交互项来考察不同类型企业的差异化表现。

1. 企业所有制分组

根据工业企业数据库中的企业登记注册类型代码将全部样本划分为国有企业和非国有企业两类，分别进行回归，回归结果见表 5 - 7。其中，第（1）列只引入企业异质性特征变量；第（2）列将全部变量引入模型。

表 5 - 7　　　　　　　　　　按企业所有制分组回归结果

变量	国有企业		非国有企业	
	（1）	（2）	（1）	（2）
tfp	0.106 **	0.114 **	- 0.216 ***	- 0.228 ***
	(2.37)	(2.61)	(- 3.74)	(- 3.85)
lnsize	0.094 ***	0.116 ***	0.112 ***	0.138 ***
	(7.66)	(8.31)	(7.17)	(6.68)
lnklratio	- 0.102 ***	- 0.121 ***	- 0.134 ***	- 0.155 ***
	(- 6.17)	(- 6.28)	(- 6.11)	(- 5.45)
R&D	0.243 ***	0.301 ***	0.154 ***	0.219 ***
	(10.22)	(9.89)	(9.26)	(8.73)
lngdp	—	0.144 ***	—	0.167 ***
		(5.67)		(4.51)
lnpgdp	—	0.115	—	- 0.193 *
		(0.93)		(- 1.66)
tariff	—	- 0.011 **	—	- 0.069 ***
		(- 1.69)		(- 5.13)
system	—	- 0.208 ***	—	- 0.235 ***
		(- 3.54)		(- 3.89)
lndistance	—	- 0.165	—	- 0.183 *
		(- 0.11)		(- 1.59)
culture	—	0.145 **	—	- 0.268 ***
		(2.66)		(3.59)
常数项	- 1.287 *	- 1.164 *	- 1.585 *	- 1.691 *
	(- 1.69)	(- 1.84)	(- 1.72)	(- 1.65)
Log likelihood	- 265.12	- 208.47	- 344.56	- 398.77
pseudo R^2	0.157	0.211	0.206	0.265
LR chi2	22.13	19.46	26.67	23.68
	(0.000)	(0.000)	(0.000)	(0.000)
Observations	71	71	167	167

注：括号内为回归系数的 z 统计量；LR chi2 栏括号内为 p 值；*** 、** 和 * 分别表示1%、5%和10%的显著性水平。

结果显示，各分组变量的系数符号和显著性与前面的整体估计结果大部分一致，但国有企业组生产率变量 *tfp* 和经济发展水平变量 *pgdp* 的系数符号发生了变化。首先看生产率变量，非国有企业组的估计系数仍显著为负，但国有企业组的系数变成显著为正，也就是说生产率越高的国有企业越倾向于选择绿地投资进入模式。可能的原因在于，对于低效率的国有企业，跨国投资首要考虑的可能是寻求高技术而不是在资产协同效应和资产整合成本间做权衡，选择并购模式对技术吸收更有效；而对于高效率的国有企业，由于政府对技术等战略性资产的高度重视，企业会更有可能选择新建模式尽量地控制核心技术（Larimo，2003），保持自身的垄断竞争力。再来看经济发展水平变量，非国有企业组的估计系数仍显著为负，而国有企业组的估计系数变成正的，虽然不显著但仍具有方向上的影响，这表明国有企业更倾向于在发达国家采用绿地投资方式。导致这一结果的原因可能是：近年来国有企业在海外开展跨国并购时受到东道国越来越多的干涉和限制，很多并购案以失败告终，这使中国国有企业在发达国家投资时开始更多使用绿地投资方式，以降低各种审查成本，提高海外投资的成功率。

另外，其他分组系数虽然符号和显著性没有发生太大变化，但是从两组系数的横向比较可以看出，绝大部分国有企业组的系数的绝对值小于非国有企业组，这表明相比于更加市场化的非国有企业，国有企业因为其对外投资行为很大程度上要配合国家宏观经济战略，因此对影响投资模式选择的各种因素的敏感度相对较低。

2. 企业资本密集度分组

将总体样本分为劳动密集型与资本密集型两个类别，分别进行回归。劳动密集型与资本密集型的划分界限为资本密集度指标的样本均值，均值之上为资本密集型，均值之下为劳动密集型。估计结果见表 5-8。其中，第（1）列只引入企业异质性特征变量，第（2）列将全部变量引入模型。结果显示，各分组变量的系数符号和显著性与前面的整体估计结果基本一致，下面主要对不同样本组的回归系数进行横向比较。

表 5 – 8　　　　　　　　　　　按资本密集度分组回归结果

变量	资本密集型企业		劳动密集型企业	
	（1）	（2）	（1）	（2）
tfp	– 0. 136 ***	– 0. 141 ***	– 0. 114 ***	– 0. 119 ***
	（ – 3. 31）	（ – 3. 78）	（ – 3. 26）	（ – 3. 55）
ln*size*	0. 113 ***	0. 130 ***	0. 101 ***	0. 116 ***
	（8. 37）	（9. 12）	（7. 56）	（8. 44）
R&D	0. 216 ***	0. 327 ***	0. 089 *	0. 105 **
	（5. 14）	（6. 33）	（1. 83）	（2. 59）
ln*gdp*	—	0. 106 ***	—	0. 227 ***
		（3. 82）		（3. 69）
ln*pgdp*	—	– 0. 198 **	—	– 0. 123 *
		（ – 2. 53）		（ – 1. 64）
tariff	—	– 0. 075 ***	—	– 0. 031 ***
		（ – 4. 73）		（ – 4. 25）
system	—	– 0. 268 ***	—	– 0. 203 ***
		（ – 3. 59）		（ – 3. 44）
ln*distance*	—	– 0. 156	—	– 0. 161
		（ – 0. 11）		（ – 0. 21）
culture	—	0. 156 **	—	0. 341 **
		（2. 57）		（2. 62）
常数项	– 1. 264 *	– 1. 158 *	– 1. 571 *	– 1. 731 **
	（ – 1. 71）	（ – 1. 85）	（ – 1. 68）	（ – 2. 85）
Log *likelihood*	– 232. 16	– 211. 49	– 305. 58	– 338. 17
pseudo R^2	0. 138	0. 206	0. 113	0. 187
LR *chi*2	36. 11	28. 96	22. 68	20. 19
	（0. 000）	（0. 000）	（0. 000）	（0. 000）
Observations	129	129	109	109

注：括号内为回归系数的 z 统计量；*LR chi*2 栏括号内为 p 值；*** 、** 和 * 分别表示 1%、5% 和 10% 的显著性水平。

可以看出，两组估计系数中，资本密集型企业组的大部分系数的绝对值大于劳动密集型企业组，表明在对外直接投资模式的选择中，这些变量对资本密集型企业的影响程度更大，或者说资本密集型企业对这些变量更为敏感。比如全要素生产率变量 tfp，随着企业生产率的提高，资本密集型企业从绿地投资转向跨国并购的速度更快；比如研发投入变量 R&D，资本密集型企业一般来说比劳动密集型企业更加注重 R&D，因此随着其研发投入的增加，资本密集型企业对其专有技术的保护意愿更强，从而更加倾向于绿地投资的高控制程度进入方式；再比如经济发展水平即人均 GDP 变量，资本密集型企业在发达国家通过并购获取关键技术等战略资源的动机比劳动密集型企业更强，因此东道国的经济发展水平越高，资本密集型企业更加倾向于采用跨国并购的进入模式。

值得注意的是，对于东道国市场规模和文化距离两个变量，其系数特征跟其他变量并不相同。这两个变量中，劳动密集型企业组的系数绝对值明显大于资本密集型企业组的系数绝对值。对于东道国市场规模变量，一般来说对于劳动密集型行业的影响更为显著，因为这类行业中产品的差异化程度相对较小，竞争激烈程度较高，因此企业在选择进入模式时对该变量更为重视；而对于资本密集型行业，其产品差异化程度较大，且创新程度较高，很多企业处于寡头垄断地位，其创新性产品甚至能够创造和引领市场需求，因此其对市场规模的变化并不十分在意。对于文化距离变量，系数表明劳动密集型企业比资本密集型企业更加敏感，因为这类企业需要在当地雇用大量劳动力，而文化差异的大小将决定其整合协调成本的高低。

3. 国际化经验分组

根据国际化企业渐进理论，随着企业国际化经营时间的延长和经验的积累，企业进行对外直接投资的模式也会发生演变。因此，本书根据企业是否具有国际化经验进行分组，来考察初次 OFDI 企业和有经验的 OFDI 企业的差异化表现。具体来说，本书将整体样本数据与商务部境外投资企业名录进行比对，若样本在此次投资之前还有 OFDI 行为，则归入有经验组，否则归入无经验组。估计结果见表 5-9。其中，第（1）列只引入企业异质性特征变量；第（2）列将全部变量引入模型。同样，各分组变量的系数符号和显著性与前面的整体估计结果基本一致，我们重点比较两组样本的回归系数大小。

表 5 - 9 　　　　　　　　　　　按国际化经验分组回归结果

变量	初次 OFDI 企业		有经验 OFDI 企业	
	(1)	(2)	(1)	(2)
tfp	- 0.086 *** (- 4.35)	- 0.106 *** (- 3.99)	- 0.188 *** (- 3.86)	- 0.233 *** (- 3.47)
ln*size*	0.101 *** (6.59)	0.114 *** (8.11)	0.122 *** (7.38)	0.158 *** (8.26)
R&D	0.196 *** (5.61)	0.213 *** (5.37)	0.275 ** (2.63)	0.365 ** (2.61)
ln*gdp*	—	0.113 *** (3.68)	—	0.221 *** (3.77)
ln*pgdp*	—	- 0.186 ** (- 2.49)	—	- 0.179 ** (- 2.69)
tariff	—	- 0.025 *** (- 4.51)	—	- 0.081 *** (- 4.17)
system	—	- 0.210 *** (- 3.89)	—	- 0.271 *** (- 3.46)
ln*distance*	—	- 0.155 (- 0.33)	—	- 0.170 (- 0.42)
culture	—	0.286 *** (3.66)	—	0.140 ** (2.95)
常数项	- 1.333 * (- 1.69)	- 1.254 * (- 1.86)	- 1.563 ** (- 2.66)	- 1.840 ** (- 2.75)
Log *likelihood*	- 254.18	- 222.43	- 312.55	- 235.12
pseudo R^2	0.165	0.214	0.124	0.196
*LR chi*2	26.19 (0.000)	27.64 (0.000)	21.33 (0.000)	20.26 (0.000)
Observations	113	113	125	125

注：括号内为回归系数的 z 统计量；*LR chi*2 栏括号内为 p 值；***、** 和 * 分别表示 1%、5% 和 10% 的显著性水平。

可以看出，除了代表东道国经济发展水平的人均 GDP 变量和文化距离变量以外，其他变量的系数均表现出同样的特征，即有经验企业组的系数绝对值大于无经验企业组。原因在于，有国际化经验的 OFDI 企业更能科学理性地作出对外直接投资的模式选择决策，因为其在之前的海外投资过程中积累了对各种影响因素的认识，更能深入了解绿地投资和跨国并购之间的优势劣势，以及其自身特征和各种东道国特征对两种投资模式优劣势的影响。而初次进行 OFDI 的企业相对来说其投资模式决策并不严谨，很多带有偶然的成分，是企业在国际化道路上的尝试和摸索，还没有形成科学的决策体系，企业只有在经历了一些不那么成功甚至完全失败的案例以后，才能逐渐积累起对不同东道国和不同投资方式的认识，其投资决策才逐渐趋于科学和理性。因此，各种 OFDI 模式选择的影响因素对有国际化经验的企业作用更明显，而相对来说初次进行 OFDI 的企业对这些因素没有那么敏感。

另外值得一提的是关于文化距离变量，同其他变量的系数特征正好相反，即初次 OFDI 企业组的估计系数小于有经验企业组。也就是说，随着东道国同中国文化距离的增大，初次 OFDI 企业比有经验的 OFDI 企业更倾向于采用绿地投资方式。这应该同样是源自二者在国际化经验特别是跨国并购经验方面的差距，有经验的企业能够应付并购后的各种文化整合问题，以较小的成本换取较好的整合效果，但初次 OFDI 企业在这方面属于空白，因而更倾向于在文化距离较大的东道国采用绿地投资方式，以规避自身文化整合的经验短板。

5.3.3 稳健性检验

为了确保研究结论的可靠性，本章重点从三个方面进行了稳健性检验。一是对关键指标的重新测度；二是对样本的重新筛选；三是对计量方法的变换。从稳健性检验的整体结果来看，各变量的系数估计结果没有发生根本性的变化，证明实证分析结论是稳健的。

1. 关键指标的重新测度

本章主要对企业层面的全要素生产率、企业规模，以及东道国层面的市场规模、经济发展水平、制度环境、文化距离等指标进行重新测度。

（1）企业层面变量。第一个是生产率。由于中国工业企业数据库部分年份缺乏中间投入品的数据，所以前面没有使用 LP 法等更先进的方法测算生产率，仅使用较为简单的索洛残差法的延伸——近似全要素生产率进行测度。但考虑到使用 OLS 方法可能导致的同步性偏差和选择性偏差问题，有必要在稳健性检验中采用莱文森和佩特林（Levinsohn & Petrin，2003）发展起来的半参数法（LP 法）进行再次估算。当然，由于样本数据的限制，需要剔除缺少相应指标数据的样本。表 5 – 10（1）栏给出了用 LP 法测算的生产率变量的回归结果，系数符号和显著性均没有发生明显变化。

表 5 – 10　　　　　　稳健性检验回归结果（关键指标的重新测度）

变量	（1） LP 方法 估计 tfp	（2） 企业员工 规模	（3） 发展水平 虚拟变量	（4） 文化距离 虚拟变量	（5） 行业市场 规模	（6） 经济自由 度指数
tfp	− 0.151 ** （− 2.66）	− 0.126 ** （− 2.56）	− 0.128 ** （− 2.77）	− 0.121 ** （− 2.62）	− 0.123 ** （− 2.61）	− 0.120 ** （− 2.64）
lnsize	0.128 *** （9.44）	0.204 *** （5.47）	0.121 *** （8.79）	0.125 *** （8.49）	0.129 *** （9.31）	0.124 *** （9.11）
lnklratio	− 0.137 *** （− 6.54）	− 0.138 *** （− 6.49）	− 0.142 *** （− 6.56）	− 0.135 *** （− 6.66）	− 0.136 *** （− 6.55）	− 0.138 *** （− 6.63）
R&D	0.269 *** （8.11）	0.271 *** （8.42）	0.277 *** （8.37）	0.271 *** （8.20）	0.273 *** （8.01）	0.270 *** （8.67）
stateown	− 0.202 * （− 1.75）	− 0.203 * （− 1.75）	− 0.204 * （− 1.58）	− 0.198 * （− 1.68）	− 0.205 * （− 1.68）	− 0.202 * （− 1.51）
lngdp	0.156 *** （4.64）	0.159 *** （4.69）	0.156 *** （4.73）	0.153 *** （4.69）	0.257 *** （6.39）	0.149 *** （4.22）
lnpgdp	− 0.176 * （− 1.54）	− 0.175 * （− 1.59）	− 0.234 ** （− 2.56）	− 0.174 * （− 1.62）	− 0.178 * （− 1.56）	− 0.169 * （− 1.55）
tariff	− 0.044 *** （− 4.15）	− 0.042 *** （− 4.11）	− 0.046 *** （− 4.68）	− 0.047 *** （− 4.33）	− 0.043 *** （− 4.54）	− 0.048 *** （− 4.56）

续表

变量	(1) LP方法 估计 *tfp*	(2) 企业员工 规模	(3) 发展水平 虚拟变量	(4) 文化距离 虚拟变量	(5) 行业市场 规模	(6) 经济自由 度指数
system	−0.216 *** (−3.64)	−0.216 *** (−3.65)	−0.221 *** (−3.79)	−0.215 *** (−3.88)	−0.209 *** (−3.76)	−0.178 *** (−5.26)
ln*distance*	−0.177 (−0.11)	−0.174 (−0.09)	−0.181 (−0.11)	−0.175 (−0.07)	−0.169 (−0.17)	−0.178 (−0.23)
culture	0.230 ** (2.61)	0.232 ** (2.59)	0.234 ** (2.54)	0.106 * (1.61)	0.228 ** (2.56)	0.235 ** (2.63)
常数项	−1.554 ** (−2.58)	−1.621 * (−1.71)	−1.607 * (−1.59)	−1.659 * (−1.64)	−1.688 * (−1.67)	−1.634 * (−1.58)
Log *likelihood*	−281.33	−269.28	−274.17	−292.01	−257.99	−280.26
pseudo R^2	0.203	0.257	0.261	0.224	0.255	0.238
LR chi2	17.42 (0.000)	18.51 (0.000)	18.20 (0.000)	19.11 (0.000)	18.56 (0.000)	18.02 (0.000)
Observations	175	238	238	238	238	238

注：括号内为回归系数的 z 统计量；*LR chi2* 栏括号内为 *p* 值；*** 、** 和 * 分别表示1%、5%和10%的显著性水平；标示下划线的位置代表重新测度的指标及其估计系数。

第二个是企业规模变量。代表企业规模的指标相对较多，可以从资产层面考虑，也可以从雇员层面考虑。本章之前采用企业销售产值与所在行业平均值的比值来衡量企业规模，这应该说是同时考虑了资本密集型和劳动密集型企业的特点。尽管如此，我们还是在稳健性检验中使用另外一个学者们常用的指标即员工数量（取对数）来再次测度，以进行不同文献的结论比较。结果见表5-10（2）栏，系数没有发生显著改变，但系数的绝对值更大，即以员工人数测度的企业规模对企业 OFDI 模式选择的影响程度更大。

（2）东道国层面的变量。首先我们用两个虚拟变量来替换经济发展水平和文化距离指标，来深度考察实证结论的稳健型。第一个是将代表经济发展水平的人均 GDP 指标替换成发达国家和发展中国家的二值虚拟变量；第二个是将文化距离指标替换成二值虚拟变量，其中将与中国文化相似的东亚、东南亚国家或地区赋值为1，其余国家和地区赋值为0。重新估计的结果见表5－10第（3）、第（4）栏。可以看出，两变量的系数符号和显著性水平同之前比较均没有发生明显变化，但系数绝对值大小变化较明显，其中经济发展水平变量明显变大，而文化距离变量明显变小，这与我们虚拟变量的设置标准有一定关系。经济发展虚拟变量大体上能反映东道国不同的发展程度，而且使用0和1的二值离散变量比之前的连续变量范围划定更明确，因此系数绝对值变大；而文化距离虚拟变量可能无法完全测度东道国与中国的文化差异，因为除东亚国家以外，不排除有其他部分国家和局部地区也同中国文化相近，所以该变量的系数值明显变小。

然后将东道国市场规模和制度环境变量进行重新测度。其中，将市场规模变量细化到二位数行业层面，采用目标国家某一行业的总产量（取对数）来重新测度，数据来自 STAN Database。[1] 制度环境变量用《华尔街日报》和美国传统基金会每年发布的经济自由度指数来重新测度。[2] 经济自由度指数包含了贸易政策、货币政策、政府管制、产权、规制等多个方面的指标，指数越高说明经济自由度越大，中国香港已连续22年位列榜首，本书取其均值。重新估计的结果见表5－10第（5）、第（6）栏。可以看出，变换后的东道国市场规模变量的系数绝对值明显变大，表明这种分行业测度的市场规模指标更加精确，因而体现出的影响程度也更大，而变换后的制度环境变量系数没有太大变化。

2. 样本数据的重新筛选

中国 OFDI 企业中有一小部分是由外资控股，这部分外资企业最初从母国来到中国，再以对外直接投资的方式返回母国市场或其他国市场，这种"返程投资"的动机往往是出于境外融资需要或国际化公司的跨境重组需要，并不是为了实现如技术寻求或者市场导向等常规的目的，这种类型的企业回到海外市场的进入模式决策也不再遵循前面的理论分析，这种样

---

① OECD STAN 结构数据库，www. oecd. org。
② 美国传统基金会，www. heritage. org。

本的混同可能会导致估计结果有偏。为了排除这种影响，我们在整体样本中剔除了外资企业样本。再次估计的结果见表 5 – 11 第（1）栏、第（2）栏，可以看出，大部分变量的系数估计结果没有发生显著的变化，因此，可以认为基准模型的估计结果是稳健的。

表 5 – 11 稳健性检验回归结果（样本与估计方法的变换）

变量	剔除外资企业样本		Probit 模型估计	
	（1）	（2）	（3）	（4）
tfp	– 0. 127 *** (– 3. 66)	– 0. 136 *** (– 3. 58)	– 0. 076 *** (– 3. 27)	– 0. 078 ** (– 2. 55)
ln*size*	0. 122 *** (7. 41)	0. 141 *** (8. 23)	0. 067 *** (7. 45)	0. 079 *** (9. 38)
ln*klratio*	– 0. 098 *** (– 6. 21)	– 0. 114 *** (– 6. 55)	– 0. 069 *** (– 6. 85)	– 0. 087 *** (– 6. 45)
R&D	0. 167 *** (9. 11)	0. 251 *** (8. 26)	0. 108 *** (9. 84)	0. 171 *** (8. 30)
ln*gdp*	—	0. 171 *** (4. 33)	—	0. 099 *** (4. 69)
ln*pgdp*	—	– 0. 159 ** (– 2. 48)	—	– 0. 111 * (– 1. 54)
tariff	—	– 0. 067 *** (– 4. 28)	—	– 0. 027 *** (– 4. 11)
system	—	– 0. 239 *** (– 3. 45)	—	– 0. 217 *** (– 3. 62)
ln*distance*	—	– 0. 171 (– 0. 11)	—	– 0. 136 (– 0. 08)
culture	—	0. 206 ** (2. 61)	—	0. 144 ** (2. 56)
常数项	– 1. 288 * (– 1. 64)	– 1. 647 * (– 1. 59)	– 0. 689 (– 0. 88)	– 1. 001 * (– 1. 65)
Log *likelihood*	– 208. 46	– 247. 07	– 221. 45	– 288. 97

续表

变量	剔除外资企业样本		Probit 模型估计	
	（1）	（2）	（3）	（4）
$pseudo\ R^2$	0.166	0.214	0.178	0.286
$LR\ chi2$	22.77 （0.000）	20.56 （0.000）	20.58 （0.000）	18.57 （0.000）
$Observations$	213	213	238	238

注：括号内为回归系数的 z 统计量；$LR\ chi2$ 栏括号内为 p 值；*** 、** 和 * 分别表示 1%、5% 和 10% 的显著性水平。

3. 估计方法的变换

本章主要使用 Logit 模型进行实证分析，下面使用 Probit 模型对总体样本进行再次估计，结果如表 5 – 11 第（3）栏、第（4）栏所示，无论是系数符号还是显著性都大同小异，证明前面的估计结果是稳健的。

5.4
扩展分析：独资与合资的选择

本章前面的内容重点探讨了 OFDI 企业在绿地投资和跨国并购两种模式之间的选择，这可以称为对外直接投资的建立模式（Dikova & Witteloostuijn，2007）。但实际上对外投资模式还有另外一种分类，即根据海外子公司股权控制程度的高低，将其分为独资（也称全资）与合资两种模式，这可以称为对外直接投资的控制模式（潘和谢，2000）。本节就主要对 OFDI 企业在独资与合资之间的选择进行扩展分析。

5.4.1　影响因素分析

本节涉及的影响因素基本沿用了前面的解释变量，包括企业层面因素和东道国层面因素，下面将这些因素对企业在独资与合资两种模式之间选择的影响机理进行简要的分析，对其影响方向进行理论预测。

1. 企业层面因素

企业生产率方面，一般来说高生产率企业会倾向于采用高控制程度的模式进入东道国，因为这样能保证企业的运作和经营完全处在母公司的控制之下，从而保持其高质量管理方案带来的高效率。因此，企业生产率越高，其越倾向于选择独资进入的 OFDI 模式。

企业规模方面，规模较大的企业相应的具有较为雄厚的资金实力，能够承担进入东道国建立企业的全部成本；而规模较小的企业在东道国建立分支机构时，可能因为资金不足而寻求合作伙伴共同建设。许多研究证实了企业规模与 OFDI 进入模式的控制程度具有正相关关系（Leung，2003；Barkema & Vermeulen，1998；Padmanabhan & Cho，1995）。因此，企业规模越大，其越倾向于选择独资进入的 OFDI 模式。

资本密集度方面，资本密集型企业在进行海外投资时以资本投入为主，因此需要大量的资金，而劳动密集型企业以劳动力投入为主，相对来说对资金的需求量较小。从这个角度来说，资本密集型企业在 OFDI 时可能会倾向于通过合资的方式减小资金压力。但从另一个角度来说，资本密集型企业一般拥有核心技术优势，为防止技术泄露可能倾向于采用高控制程度的独资方式。因此，总体来说资本密集度的影响方向是不确定的。

研发投入方面，通常情况下企业倾向于通过全资子公司实现内部技术转移，以确保企业获得技术优势带来的全部收益（Davidson，1982）。但是，R&D 资源进行有效转移需要较高成本，并且很难在组织之间进行沟通或者转让，因此 R&D 投入越大的企业越倾向于通过全资子公司（独资）进入国外市场，以保护其专有技术和核心能力（Buckley & Casson，1976）。

企业所有制形式方面，由于许多国有企业对外直接投资所承担的战略任务，使其不能完全按照市场化规律进行投资模式的选择。对于具有政治或者战略目标的海外投资来说，独资进入的高控制程度模式显然是更好的选择，能充分地执行国家的宏观战略意图。因此，国有企业倾向于采用独资进入的 OFDI 模式。

国际化经验方面，拥有较多 OFDI 经验的企业一般会采用高控制程度的方式进入东道国市场。焦等（Chiao et al.，2010）专门研究了企业对特定国家投资经验的影响，结果表明：企业在东道国的投资经验会促使其再次投资时选择独资方式，而缺少东道国投资经验的企业更愿意首先采用合资方式进入。兰多伊等（Randoy et al.，2002）则探讨了企业对不同东道国投资经验的影响，结果发现：企业在越多东道国进行过直接投资，其越倾向于选择高控制程度的投资模式。

2. 东道国层面因素

东道国经济发展水平方面，一般来说企业倾向于在低发展水平的国家采用高控制程度的投资模式，因为这样能避免同不专业或者不遵守规则的东道国合作方产生纠纷。但是，在很多低发展水平的国家，许多行业不允许外商独资企业的设立，只能采取合资方式进入。因此，总体上该变量的影响不确定。

东道国市场规模方面，一般来说，东道国的市场规模越大，采用独资方式进入该国市场的跨国企业能获取的市场收益就越大，同时受到的竞争压力也较小；而当东道国的市场规模较小时，企业就会考虑同东道国企业合作，共同开发市场，这样能降低东道国原有企业的抵制程度，从而降低进入成本。因此，东道国市场规模越大，企业越倾向于采用独资进入的 OFDI 模式。

地理距离方面，一般来说，企业在初次进入一个距离较远并且不熟悉的东道国时，其倾向于选择同当地企业进行合作以降低风险并迅速融入当地市场，即合资进入；而当企业进入一个距离较近的东道国时，由于其面临的风险相对较小，企业可能更倾向于选择独资进入的方式。

文化距离方面，大部分观点认为，文化距离越大，企业越倾向于选择较低控制程度、较低资源承诺的合资模式（Mutinelli & Piscitello，1998；Hennart & Larimo，1998；Yiu & Makino，2002）。其主要原因是，企业在文化距离较大的东道国进行投资会面临很多不确定性，其经营理念和企业文化很可能无法适应当地市场，还可能导致文化冲突，阻碍信息传递，因此企业倾向于通过合资的方式进入东道国，在与当地合作伙伴的合资经营中不断适应当地文化。[①] 但另一方面，文化距离较大时若采用合资方式，则合作双方的沟通协调成本会相对较高。因此该变量的影响总体来说是不确定的。

制度环境方面，制度环境较差意味着经济不确定性，经济不确定性会增加市场机制的交易成本，降低市场的有效性。学者们认为东道国制度环境较差时，企业应采用低控制、低资源投入的合资方式来降低风险（Brouthers，2003）。制度环境中也包含着对知识产权保护的有效性，如果东道国的知识产权保护法律不健全，或者法律的执行不得力，那么企业会更倾向于采取合资方式进入（Acs，1997；Luo，2001；Che & Facchini，2009）。

5.4.2 全样本实证检验

对于被解释变量，当企业选择独资时为1，选择合资时取0。独资或者合资的界定标准参照玛尼（Mani，2006）和瓦泽尼西亚（Wasaensia，2011）的研究方法，把中国企业在投资东道国时所占股权比例大于95%的情况界定为独资方式，把股权比例小于95%的情况界定为合资方式。同样利用前文所述的数据获取方法，得到2005~2009年206笔关于独资与合资的对外投资数据。采用Logit模型进行估计，表5-12报告了估计结果。

表5-12   独资与合资选择模型的回归结果

变量	Logit 模型					边际效应
	(1)	(2)	(3)	(4)	(5)	(6)
tfp	0.228 * (1.62)	0.214 * (1.66)	0.217 ** (2.48)	0.221 ** (2.61)	0.225 ** (2.54)	0.051 ** (2.55)
$\ln size$	—	0.132 *** (4.56)	0.141 *** (3.88)	0.158 *** (4.15)	0.199 *** (4.36)	0.045 *** (4.35)
$\ln klratio$	—	0.028 *** (5.67)	0.033 *** (5.83)	0.041 *** (5.18)	0.047 *** (5.44)	0.011 *** (5.43)

---

① 綦建红、杨丽：《文化距离与我国企业 OFDI 的进入模式选择——基于大型企业的微观数据检验》，载于《世界经济研究》2014年第6期。

续表

变量	Logit 模型					边际效应
	(1)	(2)	(3)	(4)	(5)	(6)
R&D	—	—	0.345 *** (8.55)	0.386 *** (7.98)	0.414 *** (8.27)	0.094 *** (8.26)
stateown	—	—	−0.156 (−0.34)	−0.164 (−0.56)	−0.171 (−0.61)	−0.039 (−0.63)
experience	—	—	0.141 * (1.55)	0.126 * (2.58)	0.113 ** (2.47)	0.026 ** (2.49)
ln*gdp*	—	—	—	−0.232 *** (−2.78)	−0.168 *** (−3.17)	−0.038 *** (−3.16)
ln*pgdp*	—	—	—	0.067 * (1.69)	0.101 * (1.58)	0.101 * (1.59)
system	—	—	—	—	0.255 *** (5.72)	0.023 *** (5.73)
ln*distance*	—	—	—	—	−0.174 ** (−2.49)	−0.040 ** (−2.47)
culture	—	—	—	—	−0.244 *** (−3.67)	−0.055 *** (−3.68)
常数项	−2.567 ** (−2.70)	−2.385 *** (−3.68)	−2.198 *** (−3.74)	−2.541 *** (−3.93)	−2.633 *** (−3.66)	—
Log *likelihood*	−311.31	−296.22	−329.48	−367.64	−318.17	—
pseudo R^2	0.107	0.113	0.146	0.189	0.203	—
*LR chi*2	17.32 (0.000)	18.69 (0.000)	20.14 (0.000)	21.25 (0.000)	21.88 (0.000)	—
Observations	206	206	206	206	206	—

注：括号内为回归系数的 z 统计量；*LR chi*2 栏括号内为 p 值；*** 、** 和 * 分别表示 1%、5% 和 10% 的显著性水平。

首先看企业层面变量。企业生产率、企业规模、国际化经验变量的系数符号与预期一致，表明随着企业生产率的提高、规模的扩张和国际化经验的积累，其越来越倾向于通过高控制程度的独资（全资）方式到东道国投资。资本密集度变量的系数符号显著为正，表明资本密集型企业相比劳动密集型企业更倾向于采用独资进入的方式。研发投入变量的系数值显著为正并且绝对值较大，表明高研发密度企业确实非常注重关键技术的保密问题，因而一般都采用完全控制的投资方式。国有企业虚拟变量的系数为负但不显著，与理论预期相反，可能的原因在于国资背景的企业在很多东道国投资时会遇到各种审查和规则限制，导致其无法采用独资的进入模式。

再来看东道国层面变量。经济发展水平即人均 GDP 变量的系数显著为正，表明中国企业更喜欢在发达国家采用独资的 OFDI 模式，而在不发达国家更倾向于采用合资方式规避风险。东道国市场规模变量的系数显著为负，与理论预期相反，表明在面对更大的经济体市场时，中国企业反而喜欢采用合资方式进入，与东道国或其他国家企业共同开发巨大的市场。文化距离变量的系数显著为负，表明企业在文化距离较大的东道国还是会采取更为谨慎、较低资源承诺的投资方式，即倾向于采用合资方式进入。

5.5

本章小结

本章借鉴斯图潘克（2012）的模型并加以简化来分析企业 OFDI 在跨国并购和绿地投资之间的选择问题，在此基础上，运用中国工业企业数据库和商务部境外投资企业名录匹配得到的企业层面样本数据，以及作者手动补充的进入模式指标数据，对中国企业 OFDI 模式选择的影响因素进行了全面检验，其中既包含企业层面因素，也包含东道国层面因素，并进一步对不同所有制性质、不同资本密集度和不同国际化经验的企业进行了分组检验，同时对中国企业 OFDI 的股权模式选择（独资与合资）进行了扩展分析。在计量方法的选择上，本章分别运用了 Logit 和 Probit 方法进行模型估计，并采用多种方式进行了稳健性检验。

本章得出的主要结论如下：

第一，总体上来说，企业生产率、资本密集度变量对企业采用跨国并购的进入方式具有显著的正向影响，表明随着企业生产率和资本密集度的提升，企业进行跨国并购的概率不断提高，而企业规模、研发投入变量对企业采用绿地投资方式具有明显的促进作用，国有企业更倾向于采用跨国并购的方式进入东道国市场；东道国市场规模、文化距离变量与企业采用绿地投资方式的决策正相关，即东道国市场规模越大、与中国的文化差异越大，企业选择绿地投资的概率就越高，而东道国经济发展水平、关税水平、制度环境变量均对企业进行跨国并购具有显著的正向影响。

第二，从样本分组来看，相比于更加市场化的非国有企业，国有企业因为其对外投资行为很大程度上要配合国家战略，因此对影响投资模式选择的各种因素的敏感度相对较低；资本密集型企业组的大部分变量系数的绝对值大于劳动密集型企业组，表明在对外直接投资模式的选择中，这些变量对资本密集型企业的影响程度更大；有经验企业组的变量系数绝对值大于无经验企业组，即具有国际化经验的企业对各项因素更加敏感，也就是说有国际化经验的 OFDI 企业更能科学理性地作出对外直接投资的模式选择决策。

第三，从股权模式选择来看，企业生产率、企业规模、国际化经验变量与企业独资进入模式显著正相关，表明随着企业生产率的提高、规模的扩张和国际化经验的积累，其越来越倾向于通过高控制程度的独资（全资）方式到东道国投资，资本密集型企业相比劳动密集型企业更倾向于采用独资进入的方式，高研发密度企业更倾向于采用独资进入方式；东道国经济发展水平、制度环境变量与独资进入方式正相关，表明企业更愿意在发达国家，以及制度完善的东道国采用独资模式，而东道国市场规模、文化距离、地理距离变量对企业选择合资进入方式有显著的正向影响。

第 6 章

结论及政策建议

本书试图在企业异质性理论的框架下，以中国企业大规模"走出去"开展对外直接投资为背景，分析企业对外直接投资决策中区位和模式选择的影响因素及其影响机制，并进一步运用中国工业企业数据库和商务部境外投资企业（机构）名录匹配得到的样本数据进行全面的实证检验。本章对全书的主要研究结论进行概括性总结，在此基础上提出相应的政策启示和建议，并指出研究不足与未来展望。

6.1

主要结论

通过规范与实证分析、微观与宏观层面分析、对比分析，以及多种计量方法的综合运用，本书得出三个方面的主要结论。

第一，关于中国对外直接投资的发展演变与特征化事实。中国对外直接投资的发展可以大体分为起步探索、稳步推进、管理扩张、迅猛发展四个阶段，每个阶段都带有显著的制度改革烙印，并且在投资规模、投资主体、投资区位和模式等方面都表现出不同特征。"返程投资"和"跳板投资"的大量存在使得中国官方的对外直接投资统计数据存在一定的误导。行业分布方面，数据显示的中国对外直接投资第一大行业即商务服务业其实主要是为企业避税、会计记账等策略服务，并不涉及实体经济活动，对外投资的最终行业集中在采矿业和制造业。区位分布方面，绝大部分中国企业投向英属维尔京群岛和开曼群岛等国际避税地的 OFDI，和接近 1/3 的中国内地企业投向香港地区的 OFDI，都是属于中转性质的"跳板投资"，中国的 OFDI 其实主要还是流向了美国、澳大利亚、新加坡、英国等发达国家。模式选择方面，我国对外直接投资总的发展趋势是从初期的以制造业为主的直接投资建厂向合资、并购等方式扩展，近年来还出现了中外企业合作向第三国进行直接投资的方式。

第二，关于中国企业对外直接投资区位选择的影响因素。总体上来说，企业生产率、企业规模、企业资本密集度和企业研发投入等因素对企业的对外直接投资决策具有显著的正向影响；东道国市场规模、自然资源和制度环境等因素对企业的 OFDI 区位决策具有显著的促进作用，而东道国税率水平、劳动力成本、文化距离和地理距离变量与企业选择该东道国投资的概率具有显著的负相关关系，也就是说，中国企业更倾向于选择市场规模较大、自然资源较丰富、制度环境较好、税率水平和劳动力成本较低，文化距离和地理距离更临近的国家和地区进行投资。从样本分组来看，私营企业的 OFDI 区位决策对这些因素相比国有企业更加敏感，而劳动密集型企业和资本密集型企业，以及出口企业和非出口企业则表现出差异化的特征。从不同的洲际区位比较来看，相对于在亚洲地区投资，随着企业全要素生产率和研发投入的增加，中国企业会更倾向于到欧洲和北美洲进行对外直接投资，而对于拉丁美洲和非洲地区则正好相反；随着企业规模的扩大和企业年龄的增加，中国企业会更加倾向到亚洲以外的地区进行投资。

第三，关于中国企业对外直接投资模式选择的影响因素。总体上来说，企业生产率、资本密集度等因素对企业采用跨国并购方式具有显著的正向影响，而企业规模、研发投入等因素对企业采用绿地投资方式具有明显的促进作用，国有企业更倾向于采用跨国并购的方式进入东道国市场；东道国市场规模、文化距离等因素与企业采用绿地投资方式的决策正相关，而东道国经济发展水平、关税水平、制度环境等因素均对企业进行跨国并购具有显著的正向影响。从样本分组来看，相比于更加市场化的非国有企业，国有企业因为其对外投资行为很大程度上要配合国家战略，因此对影响投资模式选择的各种因素的敏感度相对较低，资本密集型企业对多数影响因素的敏感度相比劳动密集型企业更高，具有国际化经验的企业对各项因素更加敏感，也就是说这些企业更能科学理性地作出对外直接投资的模式选择决策。从股权模式选择来看，企业生产率、企业规模、国际化经验等因素与企业独资进入模式显著正相关，资本密集型企业相比劳动密集型企业更倾向于采用独资进入的方式，高研发密度企业更倾向于采用独资进入方式；东道国经济发展水平、制度环境等因素与独资进入方式正相关，而东道国市场规模、文化距离、地理距离等因素对企业选择合资进入方式有显著的正向影响。

6.2

政策建议

开展对外直接投资和跨国经营，既是企业追求利润最大化和实现自身发展目标的行为，也是国家"走出去"战略乃至经济可持续发展强国战略的体现。因此，结合本书理论和实证分析得到的相关结论，分别从企业和政府两个层面提出相应对策建议。

6.2.1 企业层面的对策建议

企业作为市场经济的主体，在"走出去"战略中扮演着主角。在对外直接投资的区位和模式选择中，企业既要注重内因的影响，根据自身特征和优势做出对外直接投资决策；同时也要重视外因的影响，即充分考察东道国特征，做到知己知彼，才能最大限度地实现企业对外投资的战略目标。

1. 结合企业战略目标作出投资决策

企业的 OFDI 区位和模式决策应该服务于企业自身的战略目标，要从企业整体利益的视角来制定决策，而不是"跟风式"的投资。中国企业对外直接投资的整体成功率和效率不高，很大程度上是许多企业盲目跟风开展对外投资所致。因此，应明确企业的长远发展目标，做出利于企业长远发展的决策，不能只看眼前利益。国有企业特别是央企的对外投资目标更多体现国家战略意图，而民营企业的战略目标可以大体分为获取生产要素、获取经营要素以及特殊战略目标三类（见表 6 – 1），不同的战略目标适用不同的投资区位和模式。

表 6 – 1　　　　　　　　　　企业对外直接投资主要战略目标

获取生产要素	获取经营要素	特殊战略目标
海外资金	获取原材料	获取短期利润
先进技术	获取零部件	享受政策优惠
人才资源	开拓国际市场	

资料来源：作者整理。

希望获取海外资金的企业应该将目标东道国集中于资本市场较发达的国家和地区，这样可以通过当地成熟的资本市场获取融资；希望获取先进技术和人才资源的企业则应将目标锁定于美国、日本、欧盟等拥有高新技术和优秀人才的国家和地区，在战略上不以短期营利为目的，并主要采取跨国并购或者与当地高新技术企业合资合作等投资模式；希望获取自然资源的企业可以灵活采取并购和绿地投资的方式，到资源富集的国家和地区投资。目前资源型的国家分两类，一类是澳大利亚、加拿大等发达国家；另一类是巴西、印度、非洲诸国等发展中国家。对于发达国家，大部分政府对本国能源资源的保护态度已经提升到国家安全的高度，在能源资源行业对外国投资者设置了非常苛刻的条件，并进行非常严格的审查，所以在这些国家进行资源型直接投资，不管是采用哪种方式都较为困难，因此资源获取型企业未来应将对发展中经济体的直接投资作为重点。同时，考虑到资源开发需要较大的资本投入，采用合资方式投资能够减轻企业的资金压力，也有利于中国企业与东道国企业建立长期、稳定的合作关系，更好地实现资源共享和互利共赢。

当企业的国际化战略缺乏清晰的目标时，在其对外投资初期可以选择控制程度较低的合资合作等进入方式，在企业的国际化目标逐渐清晰以后，可以向控制水平更高、资源投入更多的投资方式转变，在企业成为较为成熟的跨国公司以后，可以直接通过独资等进入模式快速实现跨国投资目标。另外，企业如果锁定了境外并购标的，决定使用跨境并购的方式进军海外市场，那么就要规划一个非常详细的并购计划，对并购的交易模式、支付方式和期限及并购后的整合方案、风险防范策略等进行规划。[1]

2. 根据企业自身特征进行区位和模式选择

本书的理论和实证分析表明，企业生产率、企业规模、资本密集度、研发投入、国际化经验等异质性特征对企业 OFDI 的区位和模式选择具有显著影响，因此企业应充分考虑这些因素的作用，根据自身实际情况做出合适的战略选择。对于跨国投资活动较多、经验较丰富的企业，可以专门打造一个综合决策模型，在每次对外投资时根据模型进行决策；对于刚开始进行对外投资的企业，可以委托专业的投资咨询机构进行海外项目咨询，为企业决策提供指南。

区位选择方面，根据企业规模的不同而有所侧重，中小规模的企业还是应该以发展中国家及周边地区作为重点投资对象，发挥比较优势，主要是扩大市场占有型投资和资源开发型投资；而对于大型的跨国企业而言，由于实力雄厚竞争力较强，可以将发达国家市场作为投资的重点，开展各种类型的投资。从不同资本密集度的企业来看，资本密集型企业比劳动密集型企业更适宜到发达国家进行投资。因为发达国家的劳动力成本和土地成本都相对较高，资本密集型企业一般对劳动力的需求较少，而且相对资金更为充足，能够负担发达东道国较高的经营成本；而劳动密集型企业如果到发达国家投资，则会弱化企业的竞争优势，因此它们更适合到发展中国家进行投资。[2] 从不同研发水平的企业来看，技术密集型企业可以通过

---

① 王丽华：《中国企业对外直接投资模式选择的研究》，江南大学硕士论文，2009 年。
② 梁莹莹：《中国对外直接投资决定因素与战略研究》，南开大学博士论文，2014 年。

到美国、日本、欧盟等拥有高新技术的国家和地区开展投资来获取关键技术或者技术外溢；而非技术型企业可以更多考虑到生产成本较低的国家和地区进行规模化生产以实现规模效益。

进入模式方面，如果企业选择跨国并购，就会面临东道国政策和制度带来的不确定性，也可能因为无法全面深入了解东道国当地的文化背景而遭受损失，这时候企业预判风险和化解风险的能力至关重要，而这一能力与其国际化经验、经营管理水平高度相关。只有企业发展到较高层次，掌握较雄厚的资产和较高水平的技术，拥有规模经济和生产效率优势，拥有一系列核心战略性资产时，进行跨国并购才具有稳定的支撑与保障。[①]　否则，企业盲目进行跨国并购就会出现各种各样的问题，也很难实现各种资源的有效整合，最终面临并购失败的风险。但是，在对发达经济体开展投资时，对于各种条件都相对成熟的企业来说，跨国并购方式都是更优先的选择，因为采用这种方式能更好地掌握投资的进度，更有效地获取当地优势资源，同时最大限度地降低风险和减少障碍。所以，在企业发展的适当时期选择最适合企业的对外投资进入模式尤为重要。

3. 注重持续提升跨国企业的核心竞争力

根据第 4 章的理论和实证研究，企业进行对外直接投资，其生产率水平必须达到东道国的生产率阈值。如果企业没有形成自身可持续的核心竞争力，则不能较好地发挥其生产效率、规模经济、品牌效应等综合优势，不仅无法获取高额利润，甚至可能因为巨额亏损而退出海外市场。经过十多年的快速发展和成长，我国一批跨国企业已经具备了一定的技术研发实力，但不能否认大部分企业仍然缺乏核心技术，企业的核心竞争力与西方发达国家的跨国公司相比仍差距很大。中国对外直接投资的整体水平不高，主要也是由于中国企业普遍缺乏核心竞争力所致。因此，中国企业应充分意识到获得核心技术、拥有知名品牌、占有市场渠道的重要性，以塑造自

---

①　曾颖颖：《企业异质性视角下中国企业 FDI 模式选择的研究》，浙江工商大学硕士论文，2013 年。

身核心竞争力，向价值链上游攀升为重要投资目的。

首先，跨国企业应通过加大内部研发投入、吸引高科技人才等方式不断提高核心技术水平。企业通过技术创新，才能开发出具有较强竞争优势的新产品，进而开发出新的消费需求，或者将原有需求大幅提高。但是，企业创新很难在短时间内取得效果，需要长时间高强度的研发投资，不断提高创新意识和学习转化能力。在企业前期创新能力不强、技术水平不高的时候，可以通过与 OFDI 东道国企业合资合作的形式，最大限度地吸收合作方的先进技术和创新要素，进而打造自己的核心技术，形成独特的竞争优势。

其次，跨国企业应注重增强自身的经营管理水平并健全营销网络。其中，打造核心经营理念是首要任务。经营理念是企业文化在企业经营发展中的直接体现，是企业能否实现长期持续发展的重要因素，它是企业战略资产中的软性资产，指引着企业的发展路径。中国企业一般来说发展历程较短，特别应该重视确立自身的能够长期保持的经营理念，在此基础上制订企业各项具体经营活动的方案，这样企业才有可能塑造出长期竞争力。在经营理念形成以后，在具体的企业管理中可以考虑开发或者购买先进的管理软件，实现高效便捷的企业信息管理。另外，营销网络建设是企业海外经营的根本保障，企业应努力通过各种方式及途径取得和利用东道国当地的营销网络资源，实现快速地融入和占领市场。

最后，跨国企业应注重积累国际化经验，在激烈的国际市场竞争中长期保持优势地位。对于处在国际化初期的中国企业，或者投资到一个全新东道国的企业，它们将面临陌生的经营环境，面临各种信息不对称可能带来的不确定性风险，这不仅会增加企业成本，甚至可能导致投资失败。因此，为了降低国际化运营成本，提高跨国投资效率，企业应该注重国际化经验的积累，总结成功的经验和失败的教训，最终确立适合企业的一套完善的跨国投资和经营方案。这样，在企业未来的对外直接投资当中，能够对各种可能出现的问题进行预判，并且迅速找到解决的办法，实现投资效率的提升。[①]

4. 充分考虑东道国和地区的差异化特征

本书的理论和实证分析表明，东道国市场规模、发展水平、自然资源、税率水平、劳动力成本、文化距离、地理距离和制度环境等因素对企业的对外直接投资决策具有显著的影响，因此企业在进入东道国投资之前应充分考察并深入研究这些因素的差异化影响，同时在确定投资东道国之后，根据不同因素的差异化特征，权衡利弊后选择最适合的进入模式。一般来说，中国企业应重点选择那些市场规模较大、自然资源较丰富、制度环境较好、税率水平和劳动力成本较低、文化距离和地理距离更临近的国家和地区进行投资。在选择进入模式时，对于经济发展水平较高、制度环境较好的东道国，应重点考虑跨国并购和独资的进入方式，而对于市场规模较大、文化差异也较大的东道国，应重点考虑绿地投资和合资的进入方式。当东道国的行业进入壁垒较高时，企业宜采用并购方式。而当一个东道国拥有市场规模较大等有利因素，但也存在制度环境水平不高等不利因素时，企业就要在市场和风险之间进行权衡。

在对外直接投资的过程中，文化差异的影响至关重要，我国跨国企业应高度重视与东道国的文化差异，注重不同文化环境下的跨国经营难度。中国文化具有典型的东方特色，在与其他文化的交流中难免会出现碰撞和冲击，在企业经营中就表现为经营模式、思维方式、道德约束和潜在规则等方面的差异。企业必须充分了解和尊重投资东道国的文化风俗，并不断融入当地文化，才能更好地实现对外直接投资的战略目标。[②] 总体来说，相比于绿地投资的进入方式，实施跨国并购的企业在并购完成后更需要面临文化整合的问题。中国跨国企业应该积极地摸索在不同文化间的投资经

---

① 神克会：《企业对外直接投资进入模式选择影响因素的实证研究》，渤海大学硕士论文，2015 年。
② 裴辛易：《中国企业对外直接投资进入模式选择的研究》，首都经济贸易大学硕士论文，2015 年。

营方式，努力提高跨文化管理和经营能力。与发达国家的成熟跨国公司相比，目前中国企业在进行跨国并购以后，在被并购企业中仍主要使用中国的经营管理人员，管理上的本土化程度很低。这一方面会影响当地员工的积极性，无法留住原企业的优秀人才；另一方面也不利于本土化经营，不利于更快地适应当地市场环境。因此，中国企业应该更重视对东道国当地优秀人才的挖掘和任用，更重视同东道国当地管理人员的交流与沟通，通过提高管理的本土化程度来提高跨文化整合能力和跨国经营水平。

5. 注意控制政治、经济、社会等各类投资风险

根据跨国企业投资动机的不同，其主要面临的风险也有所差别（见表6－2）。近年来，复合动机型直接投资的特征将越来越明显，因而企业面临的风险也更加复杂化，包括安全审查、准入政策变化、国有化等内容的东道国政策都将对中国企业对外直接投资产生巨大影响。因此，中国跨国企业应该充分考虑和努力控制在对外投资过程中可能出现的政治、经济、社会等各类风险（见图6－1）。

表6－2　　　　　　　　不同类型对外直接投资的主要风险

直接投资类型	典型案例	主要风险
资源寻求型	非洲、拉丁美洲	政治风险、宏观经济稳定风险、政策风险
市场寻求型	韩国、俄罗斯	产业安全风险、新兴战略和国家政策变化
效率寻求型	欧洲、美国	国家经济安全风险、技术控制风险

资料来源：作者整理。

一是注意控制政治风险。相对来说，中国企业的资源型对外投资、基础设施对外投资会面临更高的政治风险。资源型投资方面，包括对石油、天然气等在内的不可再生能源的争夺极有可能引发武装冲突，使我国投资企业遭受重创。[1] 基础设施建设投资方面，项目投资大、工期长、回收成

---

[1] 黄河：《中国企业海外投资的政治风险及其管控——以"一带一路"沿线国家为例》，载于《深圳大学学报》（人文社会科学版）2016年第1期。

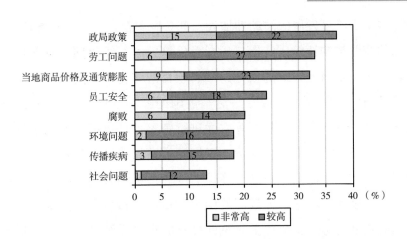

图 6 - 1　中国企业海外投资运营面临的主要风险调查

本慢的特点决定了项目受东道国政治稳定的影响巨大。而且，由于我国承建大型基础设施建设工程的多为国有大中型装备企业，且港口、交通、能源等大型基础设施建设项目通常与东道国的国家安全密切相关，因此项目本身就被视为具有较强的政治色彩，政治上的变动经常对投资项目的开展造成巨大影响。近一段时间，我国大型基础设施建设项目多次遭遇由于政局变化、领导人更迭而带来的重大挫折。例如，2014 年泰国英拉政府的倒台就迫使中泰两国的"大米换高铁"计划暂停。可以通过针对性策略来减少政治风险所带来的不利影响。在投资之前，企业可以通过实地考察、专家咨询，或者委托国际专业咨询机构撰写调研报告等方式，详细了解目标东道国的政治体制和法律体系，准确评估东道国的政治稳定程度和当前政治形势。特别要注意避开具有潜在战争威胁、国内政局动荡或者恐怖主义盛行的高危国家和地区。必要时，可以积极借助中国政府的力量在东道国开展各项攻关活动。整体战略上，在相对政治风险较高的地区投资应首选与当地企业合资或者合作的进入方式，这样更有利于获得东道国政府的认可，也能借助合资合作企业的力量规避风险；对于能源资源型海外投资，要特别注意避免直接取得控股权所带来的国有化风险。

　　二是注意控制经济风险。由于近年来国际经济形势的不稳定性增加，导致许多国家经济发展的波动性加大，部分国家存在着巨额经常项目赤字，其内部的产业结构性矛盾、出口导向型经济持续萎缩等问题日益显现。经济增速放缓以及由此导致的债务违约、项目泡沫化等风险都有可能使投资企业蒙受损失。中国企业应专门对东道国的经济发展水平、经济外向度、市场化程度、资本市场成熟度等方面进行考察评估以减少不确定性。注重对东道国经济发展水平进行评价，根据评价结果选择与其发展水平相契合的投资策略；注重对东道国的经济外向度和市场化程度进行评估，优先选择经济外向度和市场化程度较高的国家和地区进行投资；注重对东道国资本市场成熟度的考察，金融企业对外投资的重要原则是保证金融资产的安全性，然后才是追求资产的收益性。中国企业可以通过与东道国政府签订特许协定的方式进入当地市场，还要重点考察利润的汇出方式、转移价格的制定、产品出口的比例、税收规定、资产评估方法、股权构成争议的解决等问题。同时，可以通过外汇期货保值、货币市场套期保值并选择有利的进出口计价货币来降低外汇风险。

三是注意控制社会风险。社会风险主要包括由于各国宗教信仰、风俗习惯、政治制度、价值观差异等导致的对外来投资的排斥反应。中国企业应重点考察东道国与我国的社会文化差异，进而在组织管理方式和市场营销策略等方面进行本土化的针对性调整；注重对东道国有关安全生产以及环境治理等相关标准的考察，避免因违规操作而遭受的惩罚措施；注重对东道国教育文化水平、劳动力成本等人力资源状况进行考察，积极实施本土化策略，广泛使用本地人才担任经营管理者，来保持与当地民众的良好关系；积极履行社会责任，树立中国企业在当地的良好形象，给企业营造和谐的发展环境，进而带动其他企业投资的顺利开展。

四是注意控制市场风险。一些新兴市场国家由于长期以来对外部资金的依赖程度较高，但抵御资本外流的能力较弱，不可避免地成为高风险债务人。在这种情况下，我国向这些国家提供资本和融资项目，将面临较大的债务违约风险。总体来看，发展中国家的投资环境与发达国家差距明显，投资回报率存在变数，项目的市场风险不容低估。但是，在当前中国经济下行压力加大以及"一带一路"倡议强势推进的背景下，中国各地政府和企业都热情高涨，迅速推出了许多大型投资项目，使得对外投资出现泡沫化的风险大幅提高。因此，中国企业应重点对东道国的行业结构、发展阶段、市场需求等方面进行分析考察，以降低未知市场的不确定性。注重对企业拟投资行业在东道国内的竞争程度进行考察，优先选择东道国内市场竞争较为缓和的行业进入；注重对拟投资行业在东道国内的发展阶段进行评估，优先选择行业生命周期在东道国处于成长期的行业进入；注重对东道国的市场结构和需求结构进行调研分析，生产和销售能够满足当地民众需求的最终产品和服务，在东道国实现稳步持续发展（见图 6 - 2）。

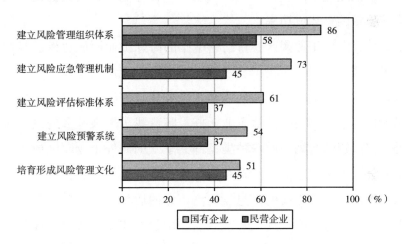

图 6 - 2　不同所有制企业建立境外风险管理制度情况调查

6. 多元化选择对外直接投资的创新模式

虽然本书重点关注和探讨了企业在跨国并购和绿地投资，以及在独资与合资之间的模式选择问题，但实际上对外直接投资还有很多创新的模式。中国企业在进行对外直接投资决策时，应该不断开拓思维和视野，根据自身优势和条件选择多元化的或者创新性的进入模式。

一是加入跨国战略同盟。跨国战略同盟是不同企业为了拓展国际市场的共同目标而制定的合作协议，例如苏宁、英特尔和海尔的战略合作。通过加入跨国战略同盟进入新的东道国市场，对于中国企业来说是一种能够扬长避短的选择。原因在于，目前中国跨国企业的整体规模较小，组织管理效率不高，综合竞争力偏弱，在国际市场开拓中没有显著优势。通过加入跨国战略同盟，有利于实现优势互补，提高整体竞争力，抱团实现国际市场开拓的目标。因此，中国企业在进行跨国投资时，可以考虑与相关企业一同组建跨国战略同盟，形成海外投资的整体合力，在跨国投资活动以及谈判中占据优势。其中，既可以考虑加入大型跨国公司的已有战略同盟，也可以与国内企业组成同盟，共同开展渠道建设、技术研发、海外投资等活动，这也能避免中国企业在国际市场上的无序竞争，从而提高中国企业对外直接投资的整体成功率。

二是建设海外工业园区。目前，中国的海外工业园区建设已经取得了显著成果。例如，海尔在美国、欧洲、东南亚等地区均建设了工业园，有效地推动了海尔的国际化战略。当然，企业建设海外工业园，既可以完全为自己所用，也可以吸引其他企业入驻。随着我国越来越多的民营企业加入对外直接投资的行列，后一种类型即共享式的海外工业园区成为一种非常好的海外投资平台。对于民营企业来说，建设海外工业园能够使企业共同获取行业、市场等方面的信息，提高信息的质量和实效性；有利于中国企业形成集群优势，实现规模经济效益，增强整体谈判实力，提高抵御海外经营风险的能力；还有利于中国驻外领事馆为其整体提供外交谈判、园区安全、争端解决等方面的服务。因此，中国企业特别是民营企业可以考虑在中国对外直接投资比较集中的地方建设海外工业园区，或者入驻东道国已建设好的中国工业园区，降低独自奋战海外的困难和风险，提高海外投资和经营的成功率。

6.2.2　政府层面的政策建议

政府在中国"走出去"战略中的作用非常关键，是企业开展对外投资的重要推动和保障力量。政府需要以具有前瞻性的政策来引导，以切实有力的投资促进服务措施来推动，以有效的法律法规和外交手段来保护我国对外投资企业的利益，为企业创造良好的对外投资环境。

1. 引导中国企业优化对外直接投资区位布局

经过 21 世纪前 10 年的快速发展，目前中国的对外投资除了追求总量的增加，更应该注重质量的提升，以及整体发展布局的优化。总体来看，目前中国的对外直接投资整体水平还有待提高，区位分布上也需要优化。因此，政府应当支持更多企业特别是民营企业投资海外，通过资金与政策支持等方式，引导企业有侧重地选择对外直接投资区位，逐步实现整体布局的优化。具体来说，可以从以下两个方面进行重点布局和引导。

一是加强对技术先进国家的学习型投资。从具体国家和地区来说，应积极到美国、日本、欧盟等技术优势明显的国家和地区开展直接投资，以获取技术外溢，或者直接通过跨国并购取得关键技术。美国的科技创新站在世界之巅，科技转化水平同样笑傲全球，其生物工程、互联网技术、材料技术、微电子技术等处于全球顶尖水平；德国的汽车制造、电子电气、机械设备制造、化学和可再生能源等行业全球领先；日本的造船、汽车、电子、机器人等产业全球领先。中国的技术获取型对外投资企业应以这些国家和地区为重点目标区位，而政府的任务就是通过资金支持和政策引导推动这些企业实现技术获取目标，同时为企业取得东道国信息特别是并购目标企业信息提供帮助，在投资并购过程中提供法律、金融等方面服务，最终实现投资项目的成功落地。①

二是继续开展对资源富集国家的战略型投资。由于中国经济快速发展与资源能源短缺之间的矛盾将长期存在，所以对外开展能源资源型投资仍然是未来中国对外直接投资战略中的重要组成部分。除了少数发达国家以外，许多自然资源富集的发展中国家都与中国保持着良好的外交和经贸合

---

① 李述晟：《制度视角下的中国对外直接投资促进机制研究》，首都经济贸易大学博士论文，2013 年。

作关系。但是，一些国家受本国经济发展程度和技术条件所限无法有效开发国内资源，中国应该本着平等共赢的原则与这些国家开展资源合作。特别是资源富集的广大非洲地区，多数国家与中国是长期以来的友好伙伴，应该成为中国企业资源型投资的重点区域。目前，许多非洲国家结束了长期的动荡，开始了稳定的发展。政府希望能够在获取经济增长的同时实现国民生活水平的提高。中国企业可以以此为切入点，依托中国政府的发展援助项目开展对非资源型投资。同时，中国政府应当在外交上努力作为，积极协调和促进对这些资源富集国家的对外直接投资。

另外，"一带一路"倡议为中国企业"走出去"到沿线国家开展投资合作提供了良好的机遇。在此背景下，应顺应"一带一路"倡议的推进趋势和进度，将其与中国企业的对外直接投资活动相结合。进一步来讲，可以差异化、针对性开展对东南亚国家（东盟）的投资（见附录2），扩大和巩固在中亚地区的能源资源领域投资，加大对南亚特别是印度和巴基斯坦的基础设施投资，加大对中东国家油气加工与运输管道等领域的投资，加强同俄罗斯和蒙古国的战略对接与投资合作，加强对中东欧地区装备制造、基础设施等领域的投资等。同时，更加重视对"一带一路"沿线主要新兴经济体的投资布局优化（见附录3）。充分发挥金砖国家开发银行、亚洲基础设施投资银行、中国—东盟海上合作基金、丝路基金等金融机构和平台的作用，强化对"一带一路"沿线重点地区投资合作的战略设计。

2. 大力培育具有核心竞争优势的跨国公司

企业是对外直接投资的主体，因此政府的首要任务就是培育具有核心竞争优势的跨国经营主体。首先，推动企业通过并购联合等方式实现规模经济竞争优势。在不违背双方意愿的情况下，支持有条件的大型企业集团并购经营不佳的中小企业，支持同行业企业或上下游企业组成战略联盟，实现生产的规模经济，更有实力地开展海外投资。其次，支持企业提高其技术层面的核心竞争优势。政府从宏观上应该推动国家创新体系的发展，让体系中的创新企业获益；从微观上为创新企业提供财政资金支持和金融支持，并且为企业创新活动提供高质量的配套服务。再其次，帮助企业通过品牌国际化战略打造品牌优势。继续深化对本土品牌的培养和扶持，促进具有自主品牌的企业发展壮大。为企业的品牌国际化战略提供有关国外市场的政策法律、工会组织、风俗文化等相关信息，降低企业打造和宣传品牌的运营成本。① 最后，加大对国际化人才的培养和培训，形成国际化人力资本优势。政府应有意识地引导和促进学校与企业，特别是国外高校与企业联合培养或定点培养国际化人才，建设专门针对国际化高层管理者的培训方案和测评方法，让真正的人才能够脱颖而出。②

在发展壮大现有跨国公司的基础上，重点培育具有核心竞争力的民营跨国企业。在财税、金融、外汇等政策上向民营企业倾斜，帮助开展对外投资的民营企业获取境外融资。鉴于技术获取型对外直接投资对提升中国企业技术水平乃至产业结构升级的重要作用，政府应重点支持民营企业在技术先进国家和地区开展对外直接投资，特别是开展跨国并购方式的投资。同时，在国有企业混合所有制改革的趋势下，支持民营企业与国有企业合作"走出去"，实现优势互补和共同发展。在国内，政府应致力于营造更加公平高效的市场环境，解除各种垄断限制，积极与国际市场规则接轨，使民营企业能够放开手脚加快发展，在进行对外直接投资时能够更快适应国际市场。应最大限度地减少被迫式对外直接投资，即民营企业因为国内发展受到人为限制而不得不到海外寻求市场的情况。③

3. 同更多国家和地区建立良好的经贸关系

随着越来越多的中国企业展开对外投资，政府应努力为企业营造良好的国际环境。本书的分析表明，东道国市场进入成本是影响企业对外直接

---

① 李锋：《异质企业与外贸发展方式转变研究》，中国社会科学院博士论文，2011 年。
② 曾颖颖：《企业异质性视角下中国企业 FDI 模式选择的研究》，浙江工商大学硕士论文，2013 年。
③ 盛思鑫、曹文炼：《中国对外直接投资情况的再评估》，载于《宏观经济研究》2015 年第 4 期。

投资决策的重要变量。因此，政府要以保障企业海外经营利益为出发点，尽可能地帮助企业降低东道国市场进入成本以及投资固定成本，这就要求中国政府与各个国家和地区建立良好的经贸合作关系，一方面积极与相关国家和地区签订经贸协议、投资保护、司法协助、领事条约、检验检疫等政府间双边协定；另一方面，积极参与国际多边合作，与世界银行、IMF等国际组织加强联系，使中国对外投资企业从制度层面上得到海外投资保障，为企业境外投资营造良好的氛围。

双向投资协议（BIT）对于推动和保护中国企业对外直接投资的作用尤为显著。2013年中海油斥资151亿美元成功收购加拿大Nexen能源公司，这是继7年前收购优尼科失败后中海油的一次成功海外并购。这次并购成功的一个重要因素，就是中国和加拿大签署的《外国投资促进和保护协定》。因此，应加快与对外投资的重点目标国家和地区签署投资保护协定，增加中国企业在这些重点区位投资的比重，提升其绿地投资或者跨国并购的成功率。而且，与制度环境较差的国家签订双边投资协定，还可以在一定程度上弥补这些国家的制度缺位。目前，中国已累计签订了130多个双边投资协定（见附录4），其中大多数是同发达国家签订的，因此下一步重点是同发展中国家的协定签署，为中国企业对外直接投资保驾护航。

另外，中国目前签订的大部分双边投资协议主要内容是承诺相互给予对方投资企业最惠国待遇和国民待遇，但当前形势下企业更为关切的"准入前国民待遇"缺失，导致其促进和保护相互投资的作用大打折扣。[①] 在近年来国际经贸规则快速发展演进的环境下，以"准入前国民待遇"和"负面清单"为主要特征的投资管理模式正在成为主流趋势。因此，中国政府应该以"准入前国民待遇"和"负面清单"管理为核心，尽快同相关国家开展投资协议升级谈判，进一步降低投资准入门槛并提高透明度，为中国企业开展对外直接投资创造良好环境。而且，现有多数投资协议主要涉及双边投资促进和便利化方面的规定，而没有投资风险防范方面的内容，

---

① 宋志勇、袁波：《打造自贸区"升级版"——扩大中国对东盟投资》，载于《国际经济合作》2013年第9期。

一旦东道国发生战乱、违约等政治风险，投资企业很难从中寻求法律保护，因此未来的升级谈判也应关注这方面的内容。

4. 通过多种方式扩大跨国企业的融资渠道

近年来，越来越多的民营企业开始"走出去"开展海外投资，而且从总体情况来看，我国民营企业对外直接投资的成功率远远高于国有企业。然而，许多民营企业特别是中小民营企业，仍然面临一个制约其发展的最大问题——融资难。据调查，目前民营企业贷款的利率比国有企业利率要高10%～30%，因此许多民营企业实际被隔离在贷款门外，甚至一些正处于成长期、有意"走出去"的民营企业也遭到贷款的拒绝，延缓了其"走出去"的步伐，错失后金融危机时代海外投资的良好机遇。另外，一些已经在海外进行直接投资的民营企业由于其信誉度问题，很难获得境外银行的贷款，而我国本土银行在海外的分支机构还没有建立，也很难为民营企业提供贷款支持。因此，摆在政府面前的一项重要任务就是扩大民营企业融资渠道，加速构建本土银行的国际金融网络（见图6－3）。

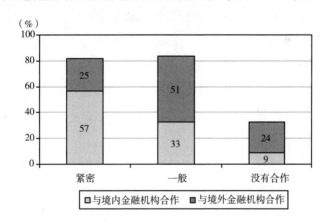

图 6－3　中国对外投资企业与境内外金融机构合作情况调查

除了传统的银行借贷融资和股票、债券融资方式外，政府还可以帮助民营企业开拓其他融资渠道。首先，帮助民营企业通过私募基金获得境外的融资渠道。比如2012年三一重工联手中信产业基金，斥资3.6亿欧元成功收购德国工程机械企业普茨迈斯特公司 100% 股权。PE 基金具有丰富的投行经验，对标的企业有充分的调研，不但可以提供财务支持，而且还可以参与设计并购方案，为实体企业成功的海外并购提供有力的支持。目前，私募基金利用境外融资渠道支持民营企业海外并购越来越普遍。其次，推出各种类型的民营中小企业融资计划。可以学习美国经验，专门制订针对小企业融资的计划，比如"小企业投资公司计划"，授权私人风险资本公司为无法取得传统风险资本的小企业提供债务和股票融资。对于发展潜力较大但处于初创期的中小企业，相关监管机构可以尽量帮助它们满足上市公司的各项条件，从而开展直接融资。[①] 此外，我国银行也可以加速海外直接投资的速度和规模，构建本土银行的国际网络，为我国已经进行海外直接投资的民营企业提供贷款支持。

5. 建立面向民营企业的对外投资公共服务平台

信息爆炸的时代，面对充满挑战的全球政治、经济环境，高效便捷地获取所需信息成为企业对外直接投资的必要条件。在进行海外投资之前，企业需要对东道国市场和相关信息有全面深入的了解；在海外投资过程中，企业需要不断更新行业市场信息，及时发现可能存在的风险。这些活动需要一个庞大高效的信息系统来支持，但对于我国大部分的民营企业来说，单靠自身力量很难建设并运行这样的投资信息系统。这就需要政府出面打造一个专门面向海外投资的信息服务平台，为中国企业对外直接投资提供全面、深度、低成本的信息服务。

首先，政府可以建设一个境外投资公共服务平台。该平台重点为民营企业提供相关的法律咨询、境外投资指南、信息技术咨询、项目咨询、人才推荐等方面的服务，为企业海外投资提供包含投资东道国法律法规、优惠政策、税收制度、雇用规则、文化风俗等方面的信息，让企业能够在充分掌握相关信息的条件下做出海外投资的科学决策。同时，平台应通过与

---

① 胡志军、温丽琴：《产品生命周期、融资约束与后危机时代民营企业外向国际化——基于 Logit 模型的实证研究》，载于《国际贸易问题》2014 年第 8 期。

国际组织、国家相关机构、驻外使领馆等密切沟通协作，持续进行信息更新与研究。

其次，政府可以定期或不定期地组织海外投资推介活动。可以通过开展政府、企业、项目交流会等形式，或者组织民营企业进行海外实地考察，促进民营企业和国际接轨，拓展海外市场和销售渠道。再其次，政府还可以考虑建立应对摩擦和风险预警平台。预警平台重点关注市场行情、汇率变动、政治动荡等领域可能发生的风险，并设置不同等级的风险预警级别，让企业对风险概率和风险程度有一个清晰的认识，从而进行合理的投资选择。摩擦应对机构主要是当民营企业海外投资出现摩擦或纠纷时能够提供法律援助或者帮助民营企业联合同行共同应对等。

最后，政府还可以建立境外经贸合作区，使民营企业在海外投资时实现人才、信息、资本、技术的集中，降低海外经济成本，更容易在陌生的环境中生存。目前，我国正在50个国家建设118个经贸合作区，其中有20家已经通过商务部的确认考核（见附录5），园区产业涉及纺织服装、家电制造、钢铁建材、机械化工等多个领域，比较有代表性的包括泰国泰中罗勇工业园、巴基斯坦海尔—鲁巴经济区、柬埔寨西哈努克港经济特区、埃及苏伊士经贸合作区、越南龙江工业园、匈牙利中欧商贸物流合作园区、中俄托木斯克工贸合作区等。充分发挥境外经贸合作区的载体作用，为园区企业提供与东道国有关的国情、产业、文化和法律信息等服务；与东道国政府签署双边合作区协定，保护园区企业的投资权益，避免双重征税，为园区企业提供风险预警。促进不同国家境外经贸合作区之间的合作，充分利用各东道国比较优势，使分布在各地的境外经贸合作区成为我国与东道国构建区域生产网络的承接平台。

6. 完善与对外投资相关的法律体系和管理体制

目前，我国对外直接投资的相关法律法规还不健全，尚未制定《企业海外投资法》，也没有相应配套的法规，仅有一些内部规定或实施办法。一方面，中国企业的海外投资目前正处于起步阶段，发展的速度很快，但是企业的投资行为随意性比较大，有时还会出现恶性竞争；另一方面，金融危机后，许多国家贸易保护逐渐盛行，一些国家对中国的审查和限制也逐渐增多，我国也没有相关法律保障，不利于政府的规范管理。因此，需要尽快制定相关的法律法规，特别是加快《中国企业海外投资法》的制定和颁布，然后以此为原则制定相关配套的法规和细则，使企业能够明确其对外直接投资的权利和义务，同时也给政府部门提供更优质的对外投资服务设定目标。

进一步简化企业海外投资的审批程序。目前，我国企业到境外投资在项目审批上仍存在着重复办理的现象。因此，政府需要进一步对企业海外投资的审批程序进行简化，使得企业对外直接投资的流程更顺畅，成本更低、效率更高。对于企业对外投资的不合理管制和束缚，应尽快松绑，尤其是外汇管制方面。进一步简化审批程序，要求对目前审批的时间和步骤进行压缩，同时要给出明确的审批期限。在简化程序的基础上，强化对审批进程的管理和监督，实现审批全程透明化，让企业能够清楚地掌握审批的进程和结果。推进对外投资管理体制的不断完善，扫清企业对外投资的管理障碍。[1]

进一步加强对国有跨国企业的海外监管。与民营企业对外投资减少约束的要求不同，国有企业的海外投资和运营应该受到相对严格的监管。特别是那些投资到政治、经济风险较高的欠发达国家和地区的项目，应进行严格的项目论证。不断加强对国有企业的境外监管，完善境外财务制度，强化境外资产管理。[2] 注重对海外投资项目运营过程中的动态管理，提高项目从计划到实施再到运营全过程的专业化水平。对海外项目实行定期审查，及时查找和解决项目运营中存在的问题。[3] 重视国际化经营组织架构和经营模式的创新，可以考虑聘请独立的机构或专家对海外投资项目进行风险预估和效果论证，积极推行海外投资的项目责任制。[4]

---

[1] 王方方：《企业异质性条件下中国对外直接投资区位选择研究》，暨南大学博士论文，2012 年。

[2] 黄丹华：《抓住机遇 迎接挑战 大力提升中央企业国际化经营水平》，载于《中国经贸》2011 年第 7 期。

[3] 姜萧潇：《中国国企对外直接投资风险防控》，载于《国际经济合作》2014 年第 6 期。

[4] 盛思鑫、曹文炼：《中国对外直接投资情况的再评估》，载于《宏观经济研究》2015 年第 4 期。

7. 完善海外投资保险制度保障投资企业资产安全

海外投资保险可以说是保护跨国投资最普遍且有效的保险机制，政府通过设立专门的境外投资保险机构，对本国企业的对外直接投资提供保障。在风险发生经受损失后，投资保险机构会代替投资企业向东道国政府实行"代位索赔"，以保护本国投资企业的利益。海外投资保险可以帮助企业在风险发生前防范和规避风险，在风险发生后减小损失和获得补偿；通过保险制度的国别分析和风险管理，还能够协助企业在新的东道国或者风险较高的地区提高投资成功率，进而开拓国际市场。目前，我国的海外投资保险主要由中国出口信用保险公司负责承保，还处在摸索经营阶段，其承兑范围主要有政府征收、汇兑限制、战争、政府违约等。[①] 但是，现行的海外投资保险制度采用审批与经营合一的模式，即对投保项目的审批和承保均由中国出口信用保险公司负责，这有可能妨碍海外投资保险的商业化运作。因此，下一步应该推动海外投资保险审批机构与经营机构分离运作。在项目审批方面，充分发挥商务部、财政部、外交部等部门对海外投资的监管、引导、支持、协调等作用，完善投资保险体系；在险种设置方面，在现有几种国际通用的险种之外，还可以考虑增加营业中断险、并购限制险等险种，最大限度地保障中国对外投资企业的资产安全。

8. 强化中国企业社会责任意识和海外形象建设

伴随经济发展以及跨国投资对东道国影响程度的加大，越来越多的东道国政府与非政府组织对企业提出环保等社会责任要求，如2015年2月中国水利水电在柬埔寨4亿美元的水坝项目因非政府组织关于环保的批评而暂停。因此，要完善对外投资企业的内部治理机制，引导企业走可持续发展的对外投资道路。顺应各国生态发展和环境保护的诉求，将环境影响评价、协议保护机制、生态补偿和企业社会责任纳入其中，实现企业投资利

[①] 顾丽姝、王凯庆：《中国对东盟直接投资的风险防范》，载于《云南社会科学》2009年第5期。

益与东道国当地社会利益和环境利益的协调一致；针对世界不同国家复杂的投资环境和舆论环境，中国企业应当积极融入当地经济社会发展，更多雇用当地员工，不断淡化外资色彩；要树立公关意识，主动与东道国政府、当地社区建立沟通渠道，在宣传企业形象的同时避免因突发事件给企业经营造成的干扰。建立高效的沟通渠道，树立可持续发展的企业社会责任意识，将大大提升境外中国企业的整体形象，有助于推动中国与投资东道国实现包容性发展和互利共赢（见图6-4）。

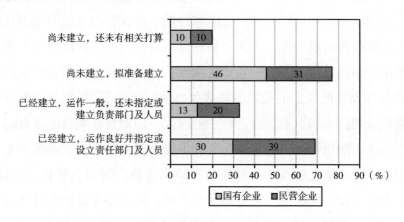

图6-4　不同所有制企业建设海外社会责任体系情况调查

6.3

研究不足与展望

本书在企业异质性理论的框架下，分析探讨了中国企业对外直接投资的区位与模式选择问题，为中国企业的对外投资决策提供了微观解释。当然，本书仍然存在一些不足和有待拓展的空间，值得今后进一步进行持续的深入研究。

首先，研究的理论视野方面尚有提升空间。企业异质性作为当前国际经济领域研究的热点和前沿，至今还没有形成非常完整并被普遍认可的理论体系，相关研究较为分散，相关结论也有待实践的检验。具体到跨国投资领域，目前异质性企业贸易理论与传统跨国投资理论的结合度不高，而且整体的理论进展相对滞后，尤其是对企业异质性条件下 FDI 的区位及模式选择的相关理论还缺乏深入的研究。作为基于异质性企业贸易理论框架的研究，本书的理论基础也有进一步拓展和创新的空间。特别是关于企业对外投资的区位与模式选择的两个理论模型之间没有建立起紧密联系，需要进一步深化和拓展。

其次，经验研究的方法和内容还有很大的深化空间。一是在变量指标的选取方面。本书在条件允许的范围内尽可能多地将影响企业 OFDI 区位和模式选择的变量纳入研究框架，但是，考虑到样本容量的限制，以及一些变量难以量化或者难以获取数据（比如东道国各细分行业的垄断程度），只能舍去这部分变量，这会一定程度上影响实证结论的准确性。未来在这部分变量数据可获取的情况下，应开展更进一步的研究。二是在实证检验的数据样本方面。本书使用《中国工业企业数据库》和商务部《境外投资企业（机构）名录》匹配得到的样本数据进行实证检验，虽然相比一些同类研究样本容量得到了提升，但是也将样本限定在了工业行业范围内，因此无法考察其他行业企业的对外投资问题，也可能使整体研究结论产生偏差。三是实证检验方法的改进。由于企业区位选择和进入模式都属于离散变量，所以本书综合使用了 Logit、Probit、条件 Logit、多元 Logit 等计量方法，但整体来说这些方法属于同一个类别，未来在数据允许的情况下可以尝试运用更先进的方法再次进行检验。

最后，对中国最新情况的分析和探讨有待深化。当前学术界对中国经济问题和中国情况的重视程度很高，相关研究和讨论非常之多。那么，在将异质性企业贸易理论应用于中国情况的时候，该理论的基本假设和结论是否具有适用性？在进一步的研究中，更好的理论归纳中国情境是坚实企业异质性 FDI 理论中国化的基础，也可以对相关领域研究做出贡献。另外，由于中国企业层面微观数据直到近几年才逐渐公开且年限较早，本书经验研究的数据样本主要集中在 2001～2009 年区间，而近几年中国对外直接投资与吸引外资逐渐接近平衡，中国即将成为资本净输出国的最新情况，现有数据样本无法满足研究需要，有待未来实现突破。

附　　录

附录1　Hofstede 文化距离指标

国家（地区）	权利距离	个人主义/ 集体主义	男性主义/ 女性主义	不确定性规避
阿尔巴尼亚	90	20	80	70
安哥拉	83	18	20	60
阿根廷	49	46	56	86
澳大利亚	36	90	60	51
奥地利	11	55	79	70
孟加拉国	80	20	55	60
比利时	65	75	54	94
不丹	94	52	32	28
巴西	69	38	49	76
保加利亚	70	30	40	85
布基纳法索	70	15	50	55
加拿大	39	80	52	48
佛得角	75	20	15	40
智利	63	23	28	86
中国	80	20	66	30
哥伦比亚	67	13	64	80
哥斯达黎加	35	15	21	86
克罗地亚	73	33	40	80
捷克	57	58	57	74
丹麦	18	74	16	23
多米尼加	65	30	65	45

国家（地区）	权利距离	个人主义/集体主义	男性主义/女性主义	不确定性规避
厄瓜多尔	78	8	63	67
埃及	70	25	45	80
萨尔瓦多	66	19	40	94
爱沙尼亚	40	60	30	60
埃塞俄比亚	70	20	65	55
斐济	78	14	46	48
芬兰	33	63	26	59
法国	68	71	43	86
德国	35	67	66	65
加纳	80	15	40	65
希腊	60	35	57	100
危地马拉	95	6	37	99
洪都拉斯	80	20	40	50
匈牙利	46	80	88	82
冰岛	30	60	10	50
印度	77	48	56	40
印度尼西亚	78	14	46	48
伊朗	58	41	43	59
伊拉克	95	30	70	85
爱尔兰	28	70	68	35
以色列	13	54	47	81
意大利	50	76	70	75
牙买加	45	39	68	13
日本	54	46	95	92
约旦	70	30	45	65
肯尼亚	70	25	60	50
科威特	90	25	40	80
拉脱维亚	44	70	9	63
黎巴嫩	75	40	65	50

国家（地区）	权利距离	个人主义/ 集体主义	男性主义/ 女性主义	不确定性规避
利比亚	80	38	52	68
立陶宛	42	60	19	65
卢森堡	40	60	50	70
马拉维	70	30	40	50
马来西亚	100	26	50	36
马耳他	56	59	47	96
墨西哥	81	30	69	82
摩洛哥	70	46	53	68
莫桑比克	85	15	38	44
纳米比亚	65	30	40	45
尼泊尔	65	30	40	40
荷兰	38	80	14	53
新西兰	22	79	58	49
尼日利亚	80	30	60	55
挪威	31	69	8	50
巴基斯坦	55	14	50	70
巴拿马	95	11	44	86
秘鲁	64	16	42	87
菲律宾	94	32	64	44
波兰	68	60	64	93
葡萄牙	63	27	31	99
罗马尼亚	90	30	42	90
俄罗斯	93	39	36	95
沙特阿拉伯	95	25	60	80
塞内加尔	70	25	45	55
塞尔维亚	86	25	43	92
塞拉利昂	70	20	40	50
新加坡	74	20	48	8
斯洛伐克	100	52	100	51
斯洛文尼亚	71	27	19	88

国家（地区）	权利距离	个人主义/ 集体主义	男性主义/ 女性主义	不确定性规避
南非	49	65	63	49
韩国	60	18	39	85
西班牙	57	51	42	86
斯里兰卡	80	35	10	45
苏里南	85	47	37	92
瑞典	31	71	5	29
瑞士	34	68	70	58
叙利亚	80	35	52	60
坦桑尼亚	70	25	40	50
泰国	64	20	34	64
特立尼达和多巴哥	47	16	58	55
土耳其	66	37	45	85
乌克兰	92	25	27	95
阿联酋	90	25	50	80
英国	35	89	66	35
美国	40	91	62	46
乌拉圭	61	36	38	99
委内瑞拉	81	12	73	76
越南	70	20	40	30
赞比亚	60	35	40	50

附录 2 "一带一路"背景下中国对东盟直接投资的布局优化研究[①]

东盟与我国地缘接近,是"21世纪海上丝绸之路"和"丝绸之路经济带"沿线的关键区域,在"一带一路"倡议中处于重要战略地位。中国—东盟自由贸易区建立以后,双方经贸关系不断密切。但是,同近年来高速增长的双边贸易相比,中国与东盟的投资合作步伐稍慢。随着2014年以来"一带一路"倡议的提出和深入推进,特别是相关规划的陆续推出和各类基础设施合作项目的不断落实,以及亚洲基础设施投资银行的建立,中国企业到东盟开展直接投资迎来了难得的历史机遇,同时也为中国对东盟直接投资空间布局的优化提供了条件。

一、中国对东盟直接投资空间布局的现状特征

2015年,中国对东盟直接投资流量达到历史新高的146.04亿美元,占中国对外投资流量总额的比重达到10%;截至2015年末,中国对东盟投资存量达到627.16亿美元,占中国对外投资存量总额的5.7%。2006~2015年,中国对东盟直接投资呈现快速稳定的增长态势,其流量从3.36亿美元增加到146.04亿美元,年均增速达到52.1%,远高于同期中国对外直接投资的年均增速(23.9%),对东盟投资的流量比重也从1.6%增加到10%,存量比重从1.9%增加到5.7%(见表1)。虽然总体规模仍然偏小,但已展现出良好的发展势头。

表1   2006~2015年中国对东盟直接投资流量和存量及其比重

年份	流量		存量	
	总额（亿美元）	比重（%）	总额（亿美元）	比重（%）
2006	3.36	1.6	17.63	1.9
2007	9.68	3.7	39.53	3.4

[①] 本附录内容收录于笔者与李广杰合作的文章《"一带一路"背景下中国对东盟直接投资的布局优化研究》当中,载于《东岳论丛》2017年第9期。

年份	流量		存量	
	总额（亿美元）	比重（％）	总额（亿美元）	比重（％）
2008	24.84	4.4	64.87	3.5
2009	26.98	4.8	95.71	3.9
2010	44.05	6.4	143.50	4.5
2011	59.05	7.9	214.62	5.1
2012	61.00	6.9	282.38	5.3
2013	72.67	6.7	356.68	5.4
2014	78.09	6.3	476.33	5.4
2015	146.04	10.0	627.16	5.7

资料来源：根据历年《中国对外直接投资统计公报》整理。

（一）投资规模分布特征

从投资存量的空间分布来看，截至2015年末，新加坡占到中国对东盟直接投资总存量的半壁江山，是中国对东盟投资布局中最重要的东道国；其次是印度尼西亚，是中国对东盟投资布局中最具发展潜力的东道国；再其次是老挝、缅甸、柬埔寨、泰国和越南（见图1）。从投资流量的空间分布来看，2015年中国对新加坡直接投资流量占全部对东盟投资流量的71.6％，其次是印度尼西亚占到9.9％，老挝、缅甸、柬埔寨、泰国、越南、马来西亚的比重基本相当（见图2）。从投资项目的数量分布来看，根据商务网站公布的《境外投资企业（机构）名录》，截至2015年末，中国企业对东盟投资项目总数达到5177个，占全部对外投资项目数量的6.3％。其中，吸收中国投资项目最多的东盟国家是越南和新加坡，分别达到907个和894个，占比分别为17.5％和17.3％，其后是印度尼西亚（728）、老挝（667）、泰国（527）、柬埔寨（471）、马来西亚（452）、缅甸（315），菲律宾和文莱最少，分别只有192个和24个。将投资额排名与投资项目数量排名结合起来可以看出，中国对越南的投资项目数量虽然较多，但平均投资规模较小，而其他国家的两个排名基本相当。

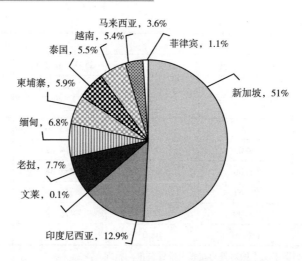

图1　2015年末中国对东盟直接投资存量分布情况

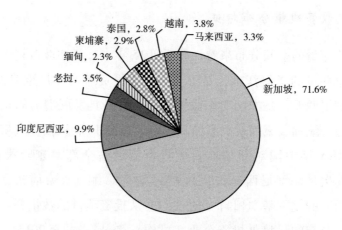

图2　2015年中国对东盟各国直接投资流量分布情况

（二）投资行业分布特征

从中国对东盟直接投资的行业分布来看，截至2015年末，租赁和商务服务业是第一大投资行业，占比达到25.7%（见图3）。但是，该行业的对外直接投资主要为后续投资服务，一般来说不涉及雇用、生产、投资等实体经济活动，只负责企业的重大决策、资产管理、协调管理下属各机构等活动，这部分投资很大程度上是避税、"返程"和"跳板"等策略型投资，由于新加坡良好的投资环境和宽松的监管政策，这种策略型投资最主要投向新加坡。例如，中银集团通过收购新加坡普洛斯（GLP）、海航集团通过收购新加坡 CWT，迅速将经营业务铺向全球；中远集团、振华重工等均将其地区总部建在新加坡，从而有效地拓展了东南亚市场。制造业是中国对东盟直接投资第二大行业，也是实际上的第一大投资行业，占比达到 14.9%，同时也是中国对东盟投资涉及国家最广泛的行业。截至 2015 年末，中国对印度尼西亚制造业投资存量为 18.18 亿美元、越南 17.08 亿美元、泰国 15.1 亿美元、新加坡 13.52 亿美元，另外对老挝、马来西亚、柬埔寨的制造业投资存量均接近 10 亿美元。从各国的主要引资行业来看，新加坡主要吸引了中国的租赁和商业服务业、金融业、批发零售业等领域的投资，印度尼西亚主要吸引了制造业、采矿业等领域的投资，老挝主要吸引了农业、制造业、建筑业等领域的投资，缅甸主要吸引了采矿业、电力供应等领域的投资。

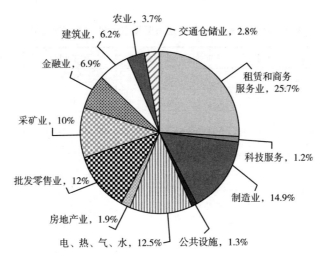

图3　2015 年末中国对东盟直接投资存量行业分布情况

（三）投资价值链分布特征

在国际化过程中，企业会根据其自身优势和投资动机差异，在不同东道国投资不同的价值链环节。根据《境外投资企业（机构）名录》中涉及的经营范围，可以大体将对外投资企业划分到价值链的不同环节，分别是市场开拓、研究开发、加工制造、销售及其他服务。总体来看，截至 2015年末，中国企业在东盟的直接投资以销售及其他服务和加工制造为主，分别占到数据总量的 51.3% 和 33.7%，而研究开发类投资只占很小比重（3.1%）。分国别来看，中国企业对新加坡投资的价值链环节比重与其他东盟国家差异明显，对其投资虽然同样集中在销售及其他服务方面，但是该比重高达 71.5%，明显高于东盟其他国家和平均水平；其次是加工制造与研究开发，占比分别为 10.2% 和 9.6%，其中研究开发环节投资的绝对数量和所占比重均远远超过其他东盟国家，而加工制造环节投资的比重远低于其他东盟国家（见表 2）。这种价值链环节分布表明，中国企业更加看重利用新加坡优越的投资环境和区位优势构建全球贸易营销网络，并且吸收其研发资源提高自身研发水平。[①]

表2　　　　　　截至 2014 年末中国企业在东盟投资的价值链环节比重　　　　单位:%

	市场开拓	研究开发	加工制造	销售及其他服务
新加坡	8.7	9.6	10.2	71.5
印度尼西亚	10.9	1.7	36.1	51.3
老挝	7.5	1.6	42.7	48.2
缅甸	15.3	0.7	35.1	48.9
柬埔寨	5.2	2.9	41.0	50.9
泰国	8.4	4.5	34.3	52.8
越南	21.7	1.8	32.6	43.9
马来西亚	8.1	1.9	33.6	56.4
菲律宾	15.2	3.1	30.6	51.1
文莱	0	5.0	28.7	66.3
总计	11.9	3.1	33.7	51.3

资料来源：根据《境外投资企业（机构）名录》整理。

---

① 汪洋、袁旭菲：《价值链视角下中国企业对东盟投资的静态布局研究》，载于《广西财经学院学报》2016 年第 6 期。

二、中国对东盟直接投资布局优化面临的主要风险与挑战

"一带一路"倡议的提出为中国对东盟直接投资布局优化创造了良好条件，但是在这一进程中，"走出去"的企业会面临来自东盟国家政治、经济、文化、法律等多方面的风险和挑战，给投资活动带来较大不确定性。

（一）东盟国家对"一带一路"的认同和接受程度存在差异

"一带一路"倡议提出以来，虽然多数东盟国家对其持接受和欢迎态度，但东盟作为一个整体仍然难以达成一个相对一致的意见和看法。一些东盟国家基于本国经济发展水平和产业结构布局的实际情况，担心大量的中国资本和企业进入可能会对本国产业发展带来冲击，因此对"一带一路"持谨慎和观望态度。另外，由于不同文化和政体会导致观念和认识上的分歧，再加上大国之间的战略博弈等因素影响，一些东盟国家对"一带一路"倡议存有疑虑和担忧，其国内不同利益集团和舆论对"一带一路"倡议可能持截然相反的观点，致使其国家态度左右摇摆。例如，近年来中国企业对马来西亚大规模投资，包括多个马来西亚港口建设项目、对马国营企业"一马公司"的大量注资、碧桂园在马"森林城市"项目等，由于马来西亚前任总理马哈蒂尔的负面评论，就引发马来西亚国内不同集团的激烈争论和民众的强烈抵触。

（二）东盟国家政局不稳和领土争端导致的政策频繁变动

政治风险是企业进行对外直接投资面临的首要风险。一些东盟国家政治环境复杂，国内政局持续动荡，甚至经常发生政权更替，使其宏观政策缺乏连续性和可靠性，给中国企业在当地的投资项目带来风险。特别是中国企业的资源型对外投资、基础设施对外投资，由于不可再生资源的稀缺

性，以及基础设施建设的长周期大投资，会面临更高的政治风险。并且，道路交通、电力能源、港口码头等基础设施项目由于在很大程度上关系到国家安全而具有政治敏感性，而我国对东盟基础设施投资的主体大多数是国有企业，这就很容易受到东道国政治变动的影响。

（三）民族分裂主义、宗教极端主义和恐怖主义带来的威胁

东南亚是全球恐怖事件的高发地区之一，存在着暴力恐怖势力、民族分裂势力、宗教极端势力等多种势力，一些国家还持续遭受反政府武装的侵扰。据统计，近年来在东南亚地区活动的恐怖主义组织多达 30 多个。[①] 近年来，这些恐怖组织频繁制造各类暴力恐怖事件，严重危害了国家安全，破坏了国内投资环境。雅加达冲突分析政策学院发布的报告指出，仅 2010～2013 年印度尼西亚就遭受了 375 次恐怖袭击。宗教信仰方面，泰国、柬埔寨、缅甸、老挝四国以信奉佛教为主，印度尼西亚、马来西亚和文莱主要信奉伊斯兰教，菲律宾是信仰天主教的国家，而儒家文化则在越南和新加坡占主要地位。另外，部分东盟国家内部存在着数量庞大的"反华"组织，这些组织利用各种手段对中国进行负面宣传，反对和破坏来自中国的投资。一些政客还利用民众对中国的抵触情绪谋取个人政治利益，比如不断夸大中国在其国家的"政治存在"和"经济利益"，将本国经济政策失败归因于中国因素等。

（四）东盟国家经济波动导致的通货膨胀、外汇兑换等经济风险

东盟国家中既有新加坡这样的新兴工业化国家，也有缅甸、柬埔寨这样的欠发达国家，经济发展水平存在巨大差异。同时，由于近年来国际经济形势的不稳定性增加，导致东盟国家经济发展的波动性加大，部分国家存在着巨额经常项目赤字，其内部的产业结构性矛盾、出口导向型经济持续萎缩等问题日益显现。经济波动的其中一个反映就是过高的通货膨胀率，

---

① 顾丽姝、王凯庆：《中国对东盟直接投资的风险防范》，载于《云南社会科学》2009 年第 5 期。

东盟内许多国家都受到过高通胀的打击，过高的通胀率会严重影响国家的经济稳定，影响企业生产经营，进而威胁到外来投资。中国企业对东盟直接投资的成功与否，或者说是否能够获得利润，与该国外汇政策有直接关系。东盟国家中，新加坡、马来西亚、文莱、菲律宾和柬埔寨的汇兑风险相对较小，而印度尼西亚、越南、泰国和老挝的汇兑风险相对较大；缅甸长期实行双重汇率制度，而且官方汇率与黑市汇率差距巨大，严重影响了外商投资。目前，大部分中国企业对东盟的直接投资仍然需要通过美元周转，产生双重汇兑风险。2014 年以来马来西亚林吉特、印度尼西亚卢比、泰国铢以及菲律宾比索等相继对美元大幅贬值，导致我国在当地的投资企业遭受损失。

（五）法律体系不健全、投资环境不完善可能造成的经营风险

东盟国家在法律体系的健全程度、法律法规内容的完善程度、执法的严格程度等方面存在着显著差异，多数欠发达成员都存在法律体系不完备、不透明、法律制度变动频繁的情况，而且这些国家或地区的法律体系较少与国际接轨，导致对其开展直接投资的企业必须适应完全陌生的法律环境。具体到投资政策方面，许多国家在办理签证、注册企业、审理审批、劳务许可等方面的手续相当复杂，而且政策变动频繁，随意性较大。从目前来看，在东盟投资的中国企业可能会遇到征税、雇员、环保、经营等诸多法律风险，而并购企业更会面临国家安全审查方面的法律问题。① 例如，老挝的投资法虽已出台多年，但与其配套的法规仍然没有落到实处；缅甸政府 2011 年突然单方宣布搁置中国承建的耗资 36 亿美元的密松电站项目。在法律的执行方面，许多东盟国家都存在不同程度的执法不严、贪污腐败等问题，这些都可能给投资企业带来风险。

---

① 张述存：《"一带一路"战略下优化中国对外直接投资布局的思路与对策》，载于《管理世界》2017 年第 4 期。

三、"一带一路"背景下中国对东盟投资布局优化的基本思路

东盟国家和地区在经济发展水平、产业结构、资源禀赋、发展规划等方面差异性较大，因此对其开展直接投资应制定差异化、针对性策略；再考虑到各国可能出现的各类投资风险，在投资区位的整体布局上应注意适度分散化。

（一）重点对新加坡开展知识密集型、技术导向型投资

新加坡是亚洲重要的金融、航运中心，是跨国企业在亚太地区重要的区域中心，聚集了超过 110 家国际银行，是东盟成员中最发达的国家。新加坡的经济和科技发展水平较高，可以重点对其开展学习型、技术导向型的知识和资本密集型产业投资。技术导向型对外直接投资属于向价值链上游攀升的逆向投资，是我国对外投资企业突破价值链"低端锁定"，提升在全球价值链中地位的重要途径。新加坡在金融保险、批发零售、酒店餐饮、高端制造等领域具有较强的竞争优势，制造业领域中的石油化工、生物医药、电子设备等行业的大型跨国公司大多数都在新加坡设立了区域总部或高端项目，形成了裕廊化工岛、裕廊电子工业园、启奥生物医药产业园等世界知名的产业集群。① 因此，中国相关领域企业可以积极到新加坡开展技术寻求型投资，既可以通过跨国并购的投资方式获取优质资产，也可以通过在当地建设研发中心等方式获取优秀人才和技术，深度参与当地产业集群来获取技术研发、经营模式、管理经验等方面的溢出效应。另外，中国企业还可以在新加坡投资设立区域总部，借助新加坡的渠道和网络辐射整个东南亚乃至全球。

---

① 张纪凤、宣昌勇：《"一带一路"战略下我国对东盟直接投资"升级版"研究》，载于《现代经济探讨》2015 年第 12 期。

（二）对印度尼西亚、泰国、马来西亚等开展市场导向型投资

印度尼西亚、泰国、马来西亚是东盟成员国中经济总量排名前三位的经济体，三国与中国经济发展水平相近，其中马来西亚人均收入水平略高于中国，泰国和印度尼西亚人均收入水平略低于中国，是中国产品在东盟的主要目标市场。同时，印度尼西亚还是东盟人口第一大国，世界人口第四大国。对这些国家开展重点产业的市场导向型直接投资，通过绿地投资、跨国并购、合资等方式将具体的生产模式落地东道国，进而进入东盟大市场，具有较大的发展空间。市场导向型直接投资属于拓展延伸价值链的"平行投资"，能够有效绕过贸易壁垒，通过扩大市场占有率和整体产出实现规模经济效益。具体来说，对泰国投资可重点考虑近年来泰国政府优先支持的清洁能源、环保材料等产业，以及泰国已经形成一定集聚优势的电子信息、汽车制造等产业；对马来西亚投资可优先考虑生物工程、信息技术等领域，充分利用马来西亚多媒体超级走廊的优惠政策；对印度尼西亚投资可重点考虑电信设备、工程机械、食品饮料、旅游等领域，注意结合印度尼西亚重点发展的"六大经济走廊"及其鼓励政策。在开展市场导向型投资时，还应注重推动产品生产、加工和销售链的整体迁移，实现产品在东盟市场生产、销售的区域内循环和升级。

（三）对越南、老挝、缅甸、柬埔寨等开展产能转移型投资

东盟新四国——越南、老挝、缅甸、柬埔寨经济发展较为落后，2016年除越南外其他三国人均GDP均不足2000美元，属世界最不发达国家行列。近年来，新四国均开始推动本国制度革新和经济转型，推动对外开放，逐渐受到越来越多跨国公司的关注，利用外资的规模不断扩大。其中，越南是中南半岛第一人口大国，也是目前东盟中经济增速最快的国家，劳动力资源丰富且廉价；老挝、缅甸、柬埔寨虽然人口数量比越南少，但是劳动力成本更加低廉。目前，纺织服装、机械、钢铁等行业在我国已经处于产能富余和过剩状态，再加上国内要素成本的不断

攀升，亟待向境外转移来提高效率、降低成本，获得新的发展空间。东盟新四国劳动力等生产要素成本较低，且各国政府均具有经济转型和工业化发展的现实需求，具备承接我国边际产业及富余产能转移的要素条件和现实基础。中国企业应通过对东盟新四国的产能转移型投资，获取传统产业价值链转移效应和生产要素重组效应，同时帮助四国实现结构转型升级和工业化发展。

（四）对东盟各国开展有针对性、差异化的资源合作型投资

从世界范围来看，东盟都是能源资源相当富集的地区。其中，印度尼西亚、马来西亚、泰国、越南、文莱拥有丰富的石油储备，泰国的钾盐储量居世界首位，越南的铝土矿、铁矿储量十分巨大，菲律宾和老挝出产铜、金、铬、镍等矿产，缅甸出产锡、钨、锌、铝等矿产，马来西亚和泰国还拥有丰富的煤炭资源。在经济持续高速增长的背景下，我国对能源资源的需求持续增加，已成为全球一次能源消费量最大的国家，导致国内能源资源约束日益显露。因此，获取重要的战略资源是中国开展对外直接投资的重要目标之一，而资源储量丰富的东盟各国是中国开展资源型投资的重要目标地区。部分东盟国家工业化发展滞后，发展资金不足、技术水平落后，对本国能源资源的开发和利用水平不高，许多油气资源和矿产资源未被充分有效地利用。中国资源型企业拥有较为先进的技术和设备，在这些国家投资建厂进行资源合作开发，可以达到双赢的目的。在能源投资方面，除了应加强对印度尼西亚、马来西亚等国家开展石油、煤炭等传统能源投资以外，还应重视对东盟国家开展太阳能、风能、地热能、氢能及生物质能等新能源领域的投资。

（五）加大对东盟电力、铁路、港口等重点领域的基础设施投资

基础设施互联互通作为"一带一路"的优先领域，将为中国对东盟国家的基础设施建设投资带来巨大机遇。高盛公司预测，2013～2020年马来西亚、泰国、印度尼西亚和越南四国的人均 GDP 将翻一番，人口增长、收

入提高、城市化进程加快将极大刺激各国的基础设施建设。世界经济论坛预测，东盟国家在 2020 年之前，平均每年将有 1000 亿美元左右的基础设施投资需求。其中，印度尼西亚作为东盟面积最大同时也是人口最多的国家，基础设施投资需求量最大，但其本国财政仅能提供基础设施投资计划 15% 的资金来源；菲律宾、越南和老挝基础设施建设落后，未来几年其基础设施投资额占 GDP 比重也较高，需要引入大量私人投资和海外资本。[①]东盟成员国中，除了已进入发达国家行列的新加坡和文莱，以及相对发达的马来西亚以外，其他国家的电力基础设施都相对薄弱，特别是东盟新四国电力基础设施严重不足，存在巨大供电缺口，吸引外资投入本国电力基础设施建设是最直接有效的方式。因此，中国企业应抓住机遇并充分发挥自身优势，加大对东盟国家的电力、道路（城市道路和高速公路）、高铁、港口、机场、供水六个关键领域基础设施投资。在此过程中，可以通过全程参与设计、施工、运营和管理等各个环节，实现业务链双向延伸和升级，逐渐形成完整的全球产业链，提升中国企业在国际基础设施产业分工体系中的地位。[②]

四、"一带一路"背景下推进中国对东盟投资布局优化的对策

从微观角度看，企业开展对外直接投资是其追求利润最大化、实现国际化发展战略的个体行为。从宏观角度看，在"一带一路"背景下，中国政府需要通过财税、金融等多种手段对"走出去"企业进行支持和引导，才能实现对东盟整体投资布局的优化。在这一过程中，除了进一步加强基础设施的互联互通和人文交流的民心相通以外，还可以重点从以下方面开展工作。

---

① 钟书琰：《"21 世纪海上丝绸之路"背景下中国对东盟基础设施投资研究》，载于《东南亚纵横》2015 年第 4 期。

② 郭宏、葛顺奇：《中国对东盟基础设施投资研究》，载于《国际经济合作》2016 年第 12 期。

（一）建立对东盟的投资协调机构、投资合作机制和投资服务平台

目前，中国与东盟投资合作的主要沟通协调机制包括"10＋1"峰会、经济部长会议以及领导人互访，虽然在促进双方投资合作方面成效显著，但是无法及时解决投资合作中出现的各种问题。因此，可以考虑建立一个常设机构或专门机构来协调双方投资合作。例如，可以考虑建立经贸部长联席会议制度，设立相互投资协调机构，由这些机构来主导各种投资协调政策的出台，最终提交高层会议决策。投资合作机制方面，现有机制主要包含双边合作以及泛北部湾、"两廊一圈"、大湄公河次区域合作两个层次，应该在进一步发挥现有合作机制的基础上，以共建"一带一路"为契机，探讨建立覆盖全部东盟国家的全方位系统的投资合作机制，在机制内协调各国投资政策，制订投资合作计划，加强对投资项目的全程监督和动态评估，促进中国与东盟各国的投资合作顺利开展，投资布局不断优化。鉴于投资东盟面临的各种风险，我国还应该加强对外投资公共服务平台和风险预警体系建设。商务部、金融机构、行业协会等应充分发挥各自优势，为投资东盟的企业提供包含东道国法律法规、优惠政策、税收制度、雇用规则、文化风俗等方面的信息，及时发布对外投资指南、对外投资环境评估报告和风险预警信息，帮助企业做出科学的投资决策。

（二）加快开展中国—东盟自贸区《投资协议》升级谈判

2009年签订的中国—东盟自贸区《投资协议》实施以来，作为中国与东盟国家间的重要框架性协议，对中国与东盟投资合作的发展起到了重要的推动作用。但是目前来看，《投资协议》中对于外资准入的相关规定已经不能适应和满足中国与东盟国家间投资合作的实践需要。现有的《投资协议》规定相互给予对方投资企业最惠国待遇和国民待遇，但当前形势下企业更为关切的"准入前国民待遇"缺失，导致其促进和保护相互投资的

作用大打折扣。[①] 在近年来国际经贸规则快速发展演进的环境下，以"准入前国民待遇"和"负面清单"为主要特征的投资管理模式正在成为主流趋势。因此，中国政府应该以"准入前国民待遇"和"负面清单"管理为核心，尽快同东盟开展《投资协议》升级谈判，进一步降低投资准入门槛并提高透明度，为中国企业到东盟国家开展直接投资创造良好环境。另外，现有《投资协议》主要涉及中国与东盟双边投资促进和便利化方面的规定，而没有投资风险防范方面的内容，一旦东道国发生战乱、违约等政治风险，投资企业很难从中寻求法律保护，因此未来的升级谈判也应关注这方面的内容，同时积极与东盟国家签订司法协助、领事条约等双边协定，使中国对外投资企业从制度层面上得到保障。

（三）推动境外经贸合作区功能创新并融入当地产业链条

目前，我国在东盟国家建设的 7 家境外经贸合作区已经正式通过确认考核，分别是柬埔寨西哈努克港经济特区、泰国泰中罗勇工业园、越南龙江工业园、老挝万象赛色塔综合开发区、中国·印度尼西亚经贸合作区、中国·印度尼西亚综合产业园区青山园区、中国·印度尼西亚聚龙农业产业合作区，园区产业涉及纺织服装、家电制造、钢铁建材、机械化工等多个领域，这些合作园区正逐渐成为我国对外投资企业特别是中小投资企业的集聚平台。但是，目前多数境外经贸合作区的发展相对独立，同东道国当地的产业融合不足。目前，许多东盟国家内部都形成了成熟的产业集群，比如新加坡裕廊化工岛、启奥生物医药产业园，泰国曼谷、北榄府、罗勇府的汽车产业群，马来西亚槟榔屿电子产业群等[②]，未来的境外经贸合作区建设可以考虑与这些产业集群进行深度合作，以真正融入当地产业体系当中。可以重点考虑在泰国建设汽车工业园区，在马来西亚建设电子产业

---

① 宋志勇、袁波：《打造自贸区"升级版"——扩大中国对东盟投资》，载于《国际经济合作》2013 年第 9 期。

② 张纪凤、宣昌勇：《"一带一路"战略下我国对东盟直接投资"升级版"研究》，载于《现代经济探讨》2015 年第 12 期。

园区，在越南设立农业科技示范园区，在柬埔寨设立农产品加工区，在老挝建设木材工贸合作区等。另外，应该注重完善和创新现有经贸合作区的服务载体功能，有重点地引入位于产业链上下游的企业，以及提供信息咨询、金融物流等服务的企业，营造更好的投资环境。[①]

（四）扩大跨境人民币结算范围和规模以防范汇兑风险

长期以来，东盟各国货币都与美元挂钩，美国经济的风吹草动都会对东盟国家产生连带影响。同时，大多数中国企业在东盟的直接投资都以美元为结算货币，存在双重汇兑风险。因此，通过扩大中国与东盟投资合作中人民币结算的规模和范围，可以有效降低汇兑风险，节约汇兑成本，并且避免可能引发的其他经济风险。目前，中国已经同马来西亚、印度尼西亚、新加坡、泰国等东盟国家签署了货币互换协议，有效推动了中国与这些国家投资合作中的人民币结算。未来，应该进一步推动与东盟其他国家签订双边本币结算协议，或者进行协议的展期和续签，通过双方政府的努力共同拓展本币结算渠道，提高人民币的接受度，推进跨境人民币结算。同时，商业银行作为跨境人民币结算相关金融服务的提供者，必须发挥更加积极的作用。应加快推进我国商业银行的国际化经营步伐，在东盟国家构建合理的业务网络，增加在这些国家的代理行和清算行数量，加强同东盟国家金融机构的联系合作，通过合作来宣传和推介跨境人民币结算政策，不断扩大投资企业使用人民币结算的规模。[②]

（五）完善海外投资保险制度保障投资企业资产安全

海外投资保险可以说是保护跨国投资最普遍且有效的保险机制，政府通过设立专门的境外投资保险机构，对本国企业的对外直接投资提供保障。

[①] 顾丽姝、吴家萍：《中国—东盟自贸区升级版背景下中国对东盟新四国直接投资的推动策略研究》，载于《广西财经学院学报》2015 年第 5 期。

[②] 王倩：《"一带一路"跨境贸易人民币结算存在的问题及对策》，载于《经济纵横》2016 年第 12 期。

在风险发生经受损失后，投资保险机构会代替投资企业向东道国政府实行"代位索赔"，以保护本国投资企业的利益。海外投资保险可以帮助企业在风险发生前防范和规避风险，在风险发生后减小损失和获得补偿；通过保险制度的国别分析和风险管理，还能够协助企业在新的东道国或者风险较高的地区提高投资成功率，进而开拓国际市场。目前，我国的海外投资保险主要由中国出口信用保险公司负责承保，还处在摸索经营阶段，其承兑范围主要有政府征收、汇兑限制、战争、政府违约等。[1] 但是，现行的海外投资保险制度采用审批与经营合一的模式，即对投保项目的审批和承保均由中国出口信用保险公司负责，这有可能妨碍海外投资保险的商业化运作。因此，下一步应该推动海外投资保险审批机构与经营机构分离运作。在项目审批方面，充分发挥商务部、财政部、外交部等部门对海外投资的监管、引导、支持、协调等作用，完善投资保险体系；在险种设置方面，在现有几种国际通用的险种之外，还可以考虑增加营业中断险、并购限制险等险种，最大限度地保障中国对外投资企业的资产安全。

（六）加强对国有企业海外投资的风险防控和动态监管

与民营企业相比，国有企业的对外投资活动可能会承载更多的国家战略目标。也正因为背后拥有中国政府的支持，国有企业对外投资往往能够承受更大的风险。但是，国有企业的损失意味着国家资产的损失。因此与民营企业对外投资减少约束的要求不同，国有企业的海外投资和运营应该受到相对严格的监管。特别是那些投资到东盟成员国中政治经济风险较高地区的项目，应进行严格的项目前期论证。在投资落地以后，应注重对项目运营的持续动态监管，完善境外财务制度，强化境外资产管理，提高项目从计划到实施再到运营全过程的专业化水平。对海外项目实行定期审查，及时查找和解决项目运营中存在的问题。[2] 重视国际化经营组织架构和经营模式的创新，可以考虑聘请独立的机构或专家对海外投资项目进行风险

① 顾丽姝、王凯庆：《中国对东盟直接投资的风险防范》，载于《云南社会科学》2009 年第 5 期。
② 姜萧潇：《中国国企对外直接投资风险防控》，载于《国际经济合作》2014 年第 6 期。

预估和效果论证，推行海外投资的项目责任制。另外，针对东盟国家复杂的投资环境和舆论环境，中国企业应当积极融入当地经济社会发展，更多雇用当地员工，不断淡化外资色彩；要具有公众形象意识，积极与东道国政府、当地社区联系沟通，避免因突发事件给企业经营造成干扰，不断提升境外中国企业的形象。

附录3　中国对"一带一路"新兴经济体投资布局优化研究①

在全球经济增长乏力、世界经济格局深度调整的背景下，新兴经济体作为代表快速发展的经济群体，在国际经济中占据越来越重要的位置。但是，新兴经济体的经济增长仍表现出许多不确定性，国际资本大规模流出、国际原材料与能源价格动荡以及自身经济的系统性风险等因素随时可能成为击垮新兴经济体的导火索。全球经济需要新的增长动力，新兴经济体也需要稳定的国内外经济发展环境，各国正探索新的国际经济合作模式。"一带一路"倡议正是在这种国际经济环境下形成的。"一带一路"建设将增强中国与周边新兴经济体之间的经贸往来，在共建中形成合作伙伴关系。其中，对外投资合作是深化"一带一路"沿线经贸合作的重要方式。自2000年提出"走出去"战略以后，中国以迅猛的发展速度成为世界重要的对外直接投资流出国，而优化中国对外直接投资的空间布局，成为当前"走出去"战略深入推进的必然路径选择。结合"一带一路"倡议，根据沿线新兴经济体的差异性与不同发展诉求，优化中国对外直接投资空间布局，将助推中国与"一带一路"沿线新兴经济体合作走向成熟，促进中国对外投资均衡健康发展。

一、中国对"一带一路"主要新兴经济体投资布局现状

近年来，中国在"一带一路"沿线国家和地区的投资发展迅速，在中国对外投资总量中的比重不断提高。其中，对俄罗斯、土耳其、印度、印度尼西亚、沙特阿拉伯等沿线新兴经济体的投资表现出差异化特征。

（一）中国在"一带一路"沿线投资布局现状

"一带一路"是一个开放包容的倡议，并没有明确界定地域国别范围。

---

① 本附录内容收录于笔者的工作论文《中国对"一带一路"新兴经济体投资布局优化研究》当中。

但为了研究需要，我们将其界定为相对公认的 64 个国家。根据各国的地理位置和经济发展特征，可以将这 64 个国家大体分为东南亚、南亚、中亚、西亚北非、中东欧及蒙俄地区六个区域（见表1）。"一带一路"沿线 64 个国家的人口总量 30.8 亿，约占全球总人口的 44%；GDP 总规模达到 12.8 万亿美元，占全球经济总量的 17%。2015 年，中国对"一带一路"沿线 64 国直接投资流量达到 189.3 亿美元，占当年对外直接投资总流量的 13%，同比增长 38.6%，是中国在全球投资增速的 2 倍。

表1   "一带一路"沿线国家地理分布

区域	主要国家
蒙俄地区（2 国）	蒙古国、俄罗斯
中东欧地区（19 国）	波兰、捷克、斯洛伐克、匈牙利、斯洛文尼亚、克罗地亚、罗马尼亚、保加利亚、塞尔维亚、黑山、马其顿、波黑、阿尔巴尼亚、爱沙尼亚、立陶宛、拉脱维亚、乌克兰、白俄罗斯、摩尔多瓦
西亚北非（中东）地区（19 国）	土耳其、伊朗、叙利亚、伊拉克、阿联酋、沙特阿拉伯、卡塔尔、巴林、科威特、黎巴嫩、阿曼、也门、约旦、以色列、巴勒斯坦、亚美尼亚、格鲁吉亚、阿塞拜疆、埃及
中亚地区（5 国）	哈萨克斯坦、吉尔吉斯斯坦、塔吉克斯坦、乌兹别克斯坦、土库曼斯坦
东南亚地区（11 国）	越南、老挝、柬埔寨、泰国、马来西亚、新加坡、印度尼西亚、文莱、菲律宾、缅甸、东帝汶
南亚地区（8 国）	印度、巴基斯坦、孟加拉国、阿富汗、尼泊尔、不丹、斯里兰卡、马尔代夫

资料来源：作者整理。

随着近年来中国不断深化与周边国家的互利合作，特别是推进与"一带一路"沿线国家的基础设施互联互通建设，中国在"一带一路"沿线的直接投资快速增长，投资存量由 2003 年末的 13.2 亿美元增长到 2015 年末的 1156.8 亿美元，占中国对外直接投资总存量的比重也由 2003 年末的 3.97% 提高到 2015 年末的 10.54%（见表2）。从"一带一路"沿线内部的区域分布来看，东南亚地区是吸引中国投资最多的区域，占据了半壁江山；南亚、中亚、西亚北非和蒙俄地区吸收的中国投资大体相当，比重均在 10% 左右，而中东欧地区吸收的中国直接投资最少，比重不足 3%。从国家层面来看，中国对"一带一路"沿线的直接投资主要集中在新加坡、俄罗斯、印度尼西亚、哈萨克斯坦等国家（见图1）；其中，新加坡吸收中国直接投资的存量规模占到"一带一路"沿线的22.3%。

表2　　　　　　2003~2015年中国对"一带一路"沿线地区直接投资存量

年份	沿线地区（亿美元）	全球（亿美元）	比重（%）
2003	13.2	332.2	3.97
2004	19.5	447.8	4.35
2005	34.1	572.1	5.96
2006	52.7	906.3	5.81
2007	97.3	1179.1	8.25
2008	149.8	1839.7	8.14
2009	202.6	2457.5	8.24
2010	292.5	3172.1	9.22
2011	416.8	4247.8	9.81
2012	567.6	5319.4	10.67
2013	720.2	6604.8	10.90
2014	924.6	8826.4	10.48
2015	1156.8	10978.6	10.54

资料来源：作者整理。

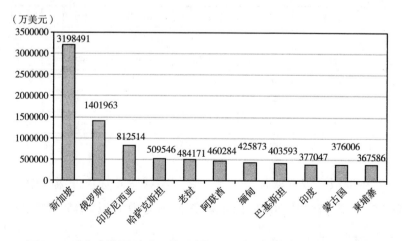

图1　2015年末中国对"一带一路"沿线直接投资存量前10位国家

（二）中国对"一带一路"主要新兴经济体投资现状

新兴经济体，是指某一国家或地区经济蓬勃发展，成为新兴的经济实体。新兴经济体的标准目前并没有一个准确的界定，一些学者将其与"发展中国家"等定义一样作为一个泛称。英国《经济学家》将新兴经济体分成两个梯队：第一梯队为中国、巴西、印度和俄罗斯，也称"金砖四国"；第二梯队包括墨西哥、韩国、南非、波兰、土耳其、埃及等"新钻"国家。① 美银美林集团自 2009 年开始发布全球新兴经济体排行榜，2016 年排名前 10 位的国家是：韩国、俄罗斯、中国、印度、印度尼西亚、波兰、墨西哥、巴西、土耳其、南非。2010 年，博鳌亚洲论坛首次提出 E11（新兴经济体 11 国）概念，即 G20（二十国集团）中的 11 个新兴经济体，包括：阿根廷、巴西、中国、印度、印度尼西亚、韩国、墨西哥、俄罗斯、沙特阿拉伯、南非、土耳其。其中，涉及"一带一路"沿线的有俄罗斯、土耳其、印度、印度尼西亚、沙特阿拉伯，本文就以这五个国家为分析重点（见表3）。

表3　　2011~2015 年中国对"一带一路"主要新兴经济体直接投资流量

单位：万美元

国家	2011 年	2012 年	2013 年	2014 年	2015 年	2015 年底存量
俄罗斯	71581	78462	102225	63356	296086	1401963
土耳其	1350	10895	17855	10497	62831	132884
印度	18008	27681	14857	31718	70525	377047
印度尼西亚	59219	136129	156338	127198	145057	812514
沙特阿拉伯	12256	15367	47882	18430	40479	243439

资料来源：《2015 年度中国对外直接投资统计公报》。

（1）俄罗斯。俄罗斯是"一带一路"沿线除新加坡外吸收中国投资最多的国家，投资流量从 2003 年的 3062 万美元增加到 2015 年的 29.6 亿美

---

① MBA 智库百科，http：//wiki. mbalib. com/wiki/新兴经济体。

元，年均增速达到 46.4%。其中，2015 年比 2014 年增长 367.3%，占中国对外投资流量总额的 2%，占对欧洲投资流量的 41.6%，占对"一带一路"沿线投资流量的 15.6%。中国对俄直接投资存量从 2003 年末的 6164 万美元增加到 2015 年末的 140.2 亿美元，占中国对外直接投资存量的 1.3%，占对欧洲地区投资存量的 16.8%，占对"一带一路"沿线投资存量的 12.1%。截至 2015 年末，中国共在俄罗斯设立境外企业 1000 多家，雇用外方员工 4.1 万人。从存量的主要行业分布情况看，中国对俄投资主要集中在采矿业（39.9%）、制造业（22.2%）、农林牧渔业（17.6%）、租赁和商务服务业（9.4%）等。可以预见，未来中国企业对俄罗斯直接投资还将有较大幅度增长，投资前景十分广阔。

（2）土耳其。中国对土耳其的直接投资规模较小，投资流量从 2003 年的 153 万美元增加到 2015 年的 6.3 亿美元，年均增速 65.1%；2015 年末投资存量为 13.3 亿美元。截至 2015 年末，拥有中国资本的土耳其公司超过 600 家，投资领域主要集中在制造业、矿产开发、基础建设等第二产业以及第三产业中的批发与零售等，近年来开始向农业、新能源、金融和电信等领域扩展，华为和中电光伏是中国企业在土耳其投资的成功案例。近年来，跨国并购逐渐成为中国对土耳其投资的重要方式，2015 年工商银行斥资 4.5 亿美元收购了土耳其纺织银行，中远太平洋、招商局国际及中投海外联合投资 10 亿美元收购了土耳其第三大集装箱码头，创造了对土投资的新纪录。

（3）印度。印度是"一带一路"沿线吸收中国直接投资增速最快的地区之一，投资流量从 2003 年的 15 万美元增加到 2015 年的 7.1 亿美元，年均增速达到 102%；投资存量从 2003 年末的 96 万美元增加到 2015 年末的 37.7 亿美元。中国在印投资主要涉及电力、钢铁、能源、汽车、通信设施等领域，其中超过半数的中国资本集中在印度的汽车领域。整体来看，中国对印度的直接投资总量仍然较小，2015 年对印度投资流量仅占中国对亚洲投资流量总额的 0.6%，占对"一带一路"沿线投资流量的 3.7%；2015 年末存量仅占中国对亚洲投资存量的 0.5%，占对"一带一路"沿线投资存量的 3.3%。作为与中国在地理上接近的大国，印度吸收的中国投资数量远远少于俄罗斯、印度尼西亚、哈萨克斯坦、老挝等其他相邻国家。应该说，同两国的经济总量与地缘优势相比，中国企业对印度的直接投资还处于阻滞和不健康的状态。

（4）印度尼西亚。中国对印度尼西亚的投资流量从 2003 年的 2680 万美元增加到 2015 年的 14.5 亿美元，年均增速达到 39.5%；投资存量从 2003 年末的 5426 万美元增加到 2015 年末的 81.3 亿美元。截至 2015 年底，在印度尼西亚的中国企业（机构）超过 700 家，其中很大一部分企业集中于资源开发领域，包括石油、天然气和煤炭。中国油气企业对印度尼西亚的直接投资初期以海外并购为主，后期开始走向多元化，更加注重对油气资源的合作开发与深层开发，通过合资兴建炼油厂、油气储备库等方式进行直接投资。近年来，中国对印度尼西亚投资逐渐扩展到基础设施、制造业、金融、电信、农业、渔业、航运等领域。

（5）沙特阿拉伯。中国对沙特的投资流量从 2003 年的 24 万美元增加到 2015 年的 40479 万美元，年均增速达到 85.7%；2015 年末的投资存量为 81.3 亿美元。截至 2015 年末，中资企业在沙特注册的合资、合作、独资企业及分支机构有 160 多家，业务涉及石油、铁路、建筑、港口、电站、通信等多个领域。中国铁建集团承建的沙特第一条轻轨铁路——麦加轻轨铁路已于 2010 年通车，中国石化与沙特阿美共同投资 100 亿美元建设的中石化首个海外炼化项目已在沙特延布建成投产。总体来看，作为中东地区最大的国家，沙特吸收的中国投资规模偏小，存量仅相当于阿联酋吸收中国投资存量的一半，仍有很大的发展空间。

二、中国对"一带一路"新兴经济体投资布局优化的基本思路

"一带一路"沿线新兴经济体在产业结构、资源禀赋、发展规划等方面差异性较大，因此对其开展直接投资应制定差异化、针对性策略；再考

虑到各国可能出现的各类投资风险，在投资区位的整体布局上应注意适度
分散化。

（一）加强同俄罗斯的战略对接及资本密集型产业投资合作

"一带一路"沿线涉及的六大新兴经济体中，俄罗斯是丝绸之路经济
带北线途经的极具全球影响力的政治大国和军事大国，将扮演极其重要的
串联角色。中国与俄罗斯互为最大邻国，具有得天独厚的地缘优势。俄罗
斯近年来经济增长乏力（见表4），希望引进外来投资提振经济，应抓住这
一机遇，加强同俄罗斯"欧亚经济联盟"的战略对接，积极扩大对其直接
投资。与周边国家相比，俄罗斯在水、电、天然气和石油价格上具有成本
优势，但劳动力平均工资较高。因此，俄罗斯优势产业集中为资本密集型
产业，而其劳动密集型产业发展潜力相对较弱。中国企业应充分利用俄罗
斯丰富的资源优势及其产业链发展潜力，投资俄罗斯油气、矿产、基础设
施、机械制造等资本密集型产业。[①] 俄罗斯国土广袤，但东西伯利亚等地
区自然环境较为恶劣，对基础设施建设要求较高，而中国在铁路、公路、
民航等基础设施建设方面积累了丰富经验，特别是高铁技术处于世界领先
水平，青藏铁路建设的高寒问题经验非常适合俄罗斯寒冷地区的铁路建设；
俄罗斯油气资源丰富，但目前生产技术相对落后，而中国的能源公司具有
雄厚资金和技术实力，可以通过股权转让等形式进入俄罗斯油气开发、加
工等领域；俄罗斯在航空工业、化学制药、高端设备制造等领域积累了丰
富的经验和技术，但是由于资金缺乏导致潜力远未开发出来，这也应该是
未来中国企业投资的重点领域。

（二）加强同土耳其交通、电力、文化旅游等领域的投资合作

土耳其横跨亚欧两洲，扼守古丝绸之路西端，基础设施完善，联通欧
亚非三大市场，近年来经济持续增长（见表4）。同时，土耳其是 OECD 和

---

① 张晓涛、王淳：《"一带一路"倡议下投资俄罗斯的产业选择与前景》，载于《海外投资与出口
信贷》2017 年第 1 期。

表4 **2006~2016 年"一带一路"沿线主要新兴经济体 GDP 增长率** 单位:%

年份	俄罗斯	土耳其	印度	印度尼西亚	沙特阿拉伯
2006	8.2	6.9	9.3	5.5	2.8
2007	8.5	4.7	9.8	6.3	1.8
2008	5.2	0.7	3.9	7.4	6.3
2009	-7.8	-4.8	8.5	4.7	-2.1
2010	4.5	9.2	10.3	6.4	4.8
2011	4.0	8.8	6.6	6.2	10.0
2012	3.5	2.1	5.6	6.0	5.4
2013	1.3	4.2	6.6	5.6	2.7
2014	0.7	3.0	7.2	5.0	3.6
2015	-3.7	4.0	7.6	4.8	3.5
2016	-0.6	3.3	6.6	4.9	1.4

资料来源:国际货币基金组织世界经济展望数据库(IMF-WEO)。

G20 成员,积极参与区域一体化和全球经济治理,对"一带一路"倡议表现出强烈的共建意愿,是中国"一带一路"倡议的重要合作伙伴。东西高铁是贯穿土耳其东西全境的交通大动脉,土耳其目前正计划在现有线路之外建设替代的铁路线,这为中国对土耳其开展铁路投资带来了机会。① 由中国企业参与建设的连接土耳其首都安卡拉和最大城市伊斯坦布尔的高速铁路二期工程已经通车,这是中国企业在境外修建的第一条高速铁路,展示了中国高铁企业的设备、技术、设计和施工能力,为未来中土高铁合作打下了良好基础。2023 年是土耳其共和国建国 100 周年,土政府提出了"土耳其—2023"发展规划,其中计划建成 7500 公里的高速公路,10000公里高速铁路,机场运力达到 4 亿人次,港口集装箱吞吐量达到 3200 万标准箱,因此,交通基础设施仍是投资土耳其的首选领域之一。土耳其电力供需缺口较大,且电网老化严重,正加速发展煤电、水电、太阳能、风能、地热能、核电等。"土耳其—2023"计划将全国总装机容量提高至 125000

---

① 高潮:《"一带一路"建设中土耳其的投资机遇》,载于《中国对外贸易》2015 年第 6 期。

兆瓦，可再生能源占比提高至 30%。随着土耳其人口增长和经济发展，能源是最具投资潜力的领域之一。土耳其拥有丰富的历史文化和自然景观，"土耳其—2023" 计划使旅客流量达到每年 5000 万人次，旅游收入 500 亿美元。随着游客数量和消费的增长，酒店、餐饮和特色旅游项目均将带来投资机会①，值得重点关注。

（三）加强同印度制造业、信息技术、基础设施等领域的投资合作

印度是"丝绸之路经济带"南线和"21 世纪海上丝绸之路"的交汇国家，在中国的地缘政治和地缘经济战略中具有无可替代的重要作用。印度自 1991 年经济改革之后增长速度不断加快，近年来仍保持了较高速度的增长（见表 4）。作为一个人口仅次于中国且经济正在崛起的发展中国家，印度不仅蕴藏着巨大的发展潜力，而且在经济结构与发展模式等方面也与中国具有明显的互补性，中印两国经济合作尤其是中国企业对印度的投资空间巨大。同针对"一带一路"倡议的消极甚至是敌视的态度相比，印度对中国提出的"孟中印缅经济走廊"计划表现出浓厚的兴趣，同时积极参与亚洲基础设施投资银行的组建工作。② 近年来，虽然印度以软件业为核心的高新技术产业发展很快，但其制造业基础比较薄弱。对制造业的发展而言，印度是继中国之后拥有人口红利最多的国家，预计到 2035 年，印度人口将达到 15 亿，劳动年龄人口比率约为 65%，将成为全球最大的人力资源库。2014 年，莫迪政府推出"印度制造"计划，力图将印度制造业比重提高到 25%，这也为中国企业对印投资提供了机遇。中国应发挥制造业优势，加大对印度制造业产业集群投资，设立中国工业园区和科技园区，形成制造业产业和科技研发产业链。总体来讲，中国应该正视印度谋求世界大国地位的愿望与诉求，努力化解分歧、增强互信，谋求将"一带一路"

---

① 阎彦：《土耳其投资指南：四大板块重点关注》，载于《第一财经日报》2015 年 6 月 18 日。
② 李晓：《"一带一路"战略实施中的"印度困局"——中国企业投资印度的困境与对策》，载于《国际经济评论》2015 年第 5 期。

倡议与印度的"季风计划"和"香料之路"战略对接，加快建设孟中印缅经济走廊，重点考虑在印度开展信息技术、基础设施、高端制造等领域的投资。

（四）结合印度尼西亚"六大经济走廊"开展基础设施、海洋领域投资合作

印度尼西亚在"丝绸之路经济带"南线上，是东盟最大的经济体和人口第一大国，世界人口第四大国，也是中国在东盟地区最主要的贸易伙伴。印度尼西亚与中国经济发展水平相近，近几年经济增长稳定（见表4），人均收入水平略低于中国，是中国产品在东南亚地区的重要目标市场。2011年印度尼西亚政府颁布实施《2011—2025年经济发展总体规划》，重点发展"六大经济走廊"[①]，着力推动交通、通信、能源等大型基础设施项目建设，实现岛屿之间的互联互通，这带来了巨大的基础设施建设需求。同时，在印度尼西亚政府公布的5年（2015~2019年）发展计划中，计划兴建49座大型水坝，开发24个现代化港口，新建15个机场，新增电力装机总量3500万千瓦。随着印度尼西亚良好的经济发展势头和大规模基础设施建设的开展，将极大拉动工程机械和水泥建材市场的需求，而中国的工程机械、建筑材料行业已经发展成为门类齐全、配套完备、面向国内国际市场的完整工业体系，生产技术水平接近或达到世界先进水平，具备承接印度尼西亚大规模基础设施建设的良好条件。因此，中国企业应结合印度尼西亚"六大经济走廊"建设重点开展基础设施领域投资。另外，作为两个海洋大国，中国的"21世纪海上丝绸之路"倡议和印度尼西亚的"全球海洋支点"战略，将推动海洋成为深化两国战略伙伴关系、拓展务实合作的"蓝色纽带"，海洋油气、海洋渔业、海洋交通运输、滨海旅游等将成为两国海洋经济合作的重要内容，为两国投资合作提供了发展机遇和空间。

---

① 包括：苏门答腊走廊（自然资源和能源）；爪哇走廊（服务和工业）；加里曼丹走廊（矿业和能源）；巴厘—努沙登加拉走廊（旅游、食品和农业）；苏拉威西走廊（农业、种植业、渔业和矿业）；巴布亚—马鲁古走廊（食品、能源和矿业）。

（五）加强同沙特油气加工与运输管道等领域的投资合作

沙特阿拉伯是"丝绸之路经济带"和"21世纪海上丝绸之路"在中东地区的汇合点，是中东地区最大的经济体和消费市场，也是WTO、G20、OPEC成员，在阿拉伯世界、伊斯兰世界乃至全球都具有重要影响力。作为该地区名副其实的"石油王国"，沙特石油储量居世界首位，天然气储量居世界第四位，中沙能源合作可为"一带一路"倡议提供重要的能源支持。近年来，为提高原油产品出口附加值、应对美国页岩气革命、缓解因政治局势导致外来投资大幅减少的困境，沙特阿拉伯对外来相关领域投资持欢迎态度。从产业链条的互补性来看，沙特在资源勘探、开采等上游产业具有优势，而中国在加工、冶炼、运输等下游产业具有优势，这为中国石油企业到沙特开展炼油生产、管道建设、成品油运输等下游环节投资提供了机遇。在当前中国50%以上的原油进口来自中东，以及原油进口市场脆弱性不断提高的背景下，中国企业尤其是三大国家石油公司应进一步加大海外权益油、与原油贸易相关的管道建设、港口设施等领域投资。另外，沙特还存在着巨大的基础设施建设需求，沙特政府计划在2023年之前全面建成全国铁路网，因此这也是未来中国企业投资沙特的重点领域，通过开展基础设施建设合作，实现我国钢铁、水泥等优势富余产能的输出。

三、对"一带一路"新兴经济体投资布局优化的对策建议

从微观角度看，企业开展对外直接投资是其追求利润最大化、实现国际化发展战略的个体行为。从宏观角度看，在"一带一路"背景下，中国政府需要通过财税、金融等多种手段对"走出去"企业进行支持和引导，才能实现整体投资布局的优化。因此，在遵循布局优化基本思路的基础上，提出相关对策建议。

（一）探索建立双边投资合作机制和投资公共服务平台

目前，中国与俄罗斯、土耳其、印度、印度尼西亚、沙特等国家投资合作的主要磋商、协调和决策机制主要包括 G20 峰会、金砖国家峰会和领导人互访，虽然在促进相互投资合作方面成效显著，但是无法及时解决投资合作中出现的各种问题。未来，应努力与各国建立更加紧密更加规范的投资合作机制，在机制内协调双边投资政策，制定投资合作计划，加强对重大投资项目的全程监督和动态评估，促进双边投资合作顺利开展。在国家层面，要进一步完善领导人之间的会晤、经贸部长之间的对话机制等；在地方层面，地方政府之间可以通过合作备忘录等形式推进合作机制建设，或者建立投资合作协调员机制，协调双边之间人力资源流动、生产要素流动等；在民间层面，各类经济组织、商会之间可以通过举办投资博览会、投资交流会等方式探索投资合作新机制。企业在"一带一路"沿线开展对外投资，沿线国家对"一带一路"的认同差异、东道国政局动荡和战乱、宗教信仰冲突和民族本位主义，以及东道国经济波动导致的债务违约、项目泡沫化等风险均会对投资活动带来较大的不确定性。因此，应该加强对外投资公共服务平台和风险预警体系建设。商务部、金融机构、行业协会等应充分发挥各自优势，为对外投资企业提供包含东道国法律法规、优惠政策、税收制度、雇用规则、文化风俗等方面的信息，及时发布对外投资指南、对外投资环境评估报告和风险预警信息，帮助企业做出科学的投资决策。

（二）加快同土耳其、印度尼西亚、沙特阿拉伯等国家升级双边投资协定

双边投资协定（BIT）对于推动和保护中国企业对外直接投资的作用显著，特别是对于制度环境较差的国家，投资协定能有效弥补制度缺位，降低投资风险。目前，中国与俄罗斯、土耳其、印度、印度尼西亚、沙特阿拉伯五个国家均签订了双边投资协定，但是签订时间相对较早，特别是

与土耳其、印度尼西亚、沙特阿拉伯的 BIT 分别于 1990 年、1994 年、1996 年签订，并分别于 1994 年、1995 年和 1997 年生效。① 目前来看，原有《投资协议》投资保护水平较低，其中对于外资准入的相关规定已经不能适应和满足中国与这些国家间投资合作的实践需要。原有《投资协议》虽然承诺相互给予对方投资企业最惠国待遇、国民待遇、公平与公正待遇，但当前形势下企业更为关切的"准入前国民待遇"缺失，导致其促进和保护相互投资的作用大打折扣。因此，中国政府应该以"准入前国民待遇"和"负面清单"管理为核心，尽快同这些国家开展《投资协议》升级谈判，进一步降低投资准入门槛并提高透明度，为中国企业开展对外直接投资创造良好环境。另外，原有《投资协议》主要涉及双边投资促进和便利化方面的规定，而没有投资风险防范方面的内容，一旦东道国发生战乱、违约等政治风险，投资企业很难从中寻求法律保护，因此未来的升级谈判也应关注这方面的内容，同时积极与这些国家签订司法协助、领事条约等双边协定，使中国对外投资企业从制度层面上得到保障。

（三）推动重点国家的境外经贸合作区建设和功能创新

目前，我国在"一带一路"沿线主要新兴经济体中的俄罗斯和印度尼西亚均建有多家境外经贸合作区，其中在俄罗斯建设了乌苏里斯克经贸合作区、中俄托木斯克木材工贸合作区、中俄（滨海边疆区）农业产业合作区、俄罗斯龙跃林业经贸合作区 4 家，在印度尼西亚建设了中国·印度尼西亚经贸合作区、中国·印度尼西亚综合产业园区青山园区、中国·印度尼西亚聚龙农业产业合作区 3 家，园区产业涉及轻工、家电、机械、电子、林业、农业等领域。未来，应加快在土耳其、印度、沙特阿拉伯等国家的境外经贸合作区建设，为我国对外投资企业特别是中小投资企业提供集聚平台。同时，目前多数境外经贸合作区的发展相对独立，同东道国当地的产业融合不足，实际上这些新兴经济体都具有实现快速发展的独特优势，

---

① 俄罗斯和印度均于 2006 年与中国签订了 BIT，并分别于 2009 年和 2007 年生效。2009 年中国与东盟签署投资协定，印度尼西亚作为东盟成员国也参与其中。

国内存在很多成熟的产业集群，未来的境外经贸合作区建设可以考虑与这些产业集群进行深度合作，以真正融入当地产业体系当中。另外，应该进一步完善和创新现有经贸合作区的服务载体功能，有针对性地引入相关产业的上下游企业以及必要的投资咨询企业、金融物流企业、信息服务企业等，营造更好的投资环境。最后，要促进"一带一路"沿线国家不同境外经贸合作区之间的合作，充分利用各东道国比较优势，使分布在各地的境外经贸合作区成为我国与"一带一路"沿线国家构建区域生产网络的承接平台。

（四）完善海外投资保险制度，保障投资企业资产安全

海外投资保险可以说是保护跨国投资最普遍且有效的保险机制，政府通过设立专门的境外投资保险机构，对本国企业的对外直接投资提供保障。在风险发生经受损失后，投资保险机构会代替投资企业向东道国政府实行"代位索赔"，以保护本国投资企业的利益。海外投资保险可以帮助企业在风险发生前防范和规避风险，在风险发生后减小损失和获得补偿；通过保险制度的国别分析和风险管理，还能够协助企业在新的东道国或者风险较高的地区提高投资成功率，进而开拓国际市场。目前，我国的海外投资保险主要由中国出口信用保险公司负责承保，还处在摸索经营阶段，其承兑范围主要有政府征收、汇兑限制、战争、政府违约等。但是，现行的海外投资保险制度采用审批与经营合一的模式，即对投保项目的审批和承保均由中国出口信用保险公司负责，这有可能妨碍海外投资保险的商业化运作。因此，下一步应该推动海外投资保险审批机构与经营机构分离运作。在项目审批方面，充分发挥商务部、财政部、外交部等部门对海外投资的监管、引导、支持、协调等作用，完善投资保险体系；在险种设置方面，在现有几种国际通用的险种之外，还可以考虑增加营业中断险、并购限制险等险种，最大限度地保障中国对外投资企业的资产安全。

（五）加强国有企业海外投资的风险防控、动态监管和形象建设

与民营企业相比，国有企业的对外投资活动可能会承载更多的国家战

略目标。也正因为背后拥有中国政府的支持，国有企业对外投资往往能够承受更大的风险。但是，国有企业的损失意味着国家资产的损失。因此与民营企业对外投资减少约束的要求不同，国有企业的海外投资和运营应该受到相对严格的监管。特别是那些投资到"一带一路"沿线国家中政治经济风险较高地区的项目，应进行严格的项目前期论证；在投资落地以后，应注重对项目运营的持续动态监管，完善境外财务制度，强化境外资产管理，提高项目从计划到实施再到运营全过程的专业化水平；对海外项目实行定期审查，及时查找和解决项目运营中存在的问题。重视国际化经营组织架构和经营模式的创新，可以考虑聘请独立的机构或专家对海外投资项目进行风险预估和效果论证，推行海外投资的项目责任制。另外，针对"一带一路"沿线国家复杂的投资环境和舆论环境，中国企业特别是大型国有企业应当积极融入当地经济社会发展，更多雇用当地员工，不断淡化外资色彩；要树立公关意识，主动与东道国政府、当地社区建立沟通渠道，避免因突发事件给企业经营造成干扰，不断提升境外中国企业的形象；顺应各国生态发展和环境保护的诉求，将环境影响评价、协议保护机制、生态补偿和企业社会责任纳入其中，实现企业投资利益与东道国当地社会利益和环境利益的协调一致，推动中国与"一带一路"沿线国家实现包容性发展和互利共赢。

（六）扩大跨境人民币结算范围、规模和跨国企业融资渠道

目前，大多数中国企业的对外直接投资都以美元为结算货币，存在着双重汇兑风险。因此，通过扩大中国与"一带一路"沿线新兴经济体投资合作中人民币结算的规模和范围，可以有效降低汇兑风险，节约汇兑成本，并且避免可能引发的其他经济风险。目前，中国已经同俄罗斯、印度尼西亚、土耳其分别签署了 1500 亿元、1000 亿元和 120 亿元的货币互换协议，有效推动了中国与这些国家投资合作中的人民币结算。未来，应该进一步推动与"一带一路"沿线新兴经济体签订双边本币结算协议，或者进行协议的展期和续签，通过双方政府的努力共同拓展本币结算渠道，提高人民

币的接受度，推进跨境人民币结算。对于面临融资难问题的对外投资企业，除了传统的银行借贷融资和股票、债券融资方式外，还可以帮助它们通过私募基金等方式获得境外的融资渠道，私募基金不但可以提供财务支持，而且可以参与设计投资并购方案，为企业海外投资提供有力支持。积极开发新型金融产品，如对外担保、混合贷款、丝路债券等，通过金融创新拓宽融资渠道。另外，充分发挥丝路基金、亚洲基础设施投资银行、金砖国家开发银行、中国—东盟海上合作基金、上海合作组织银联体等金融机构和平台的作用，强化对"一带一路"沿线新兴经济体投资合作的战略设计，为对外投资企业特别是高质量项目提供资金支持。

附录4　截至2014年中国对外签订双边投资协定一览

序号	洲别	国家	签署日期	生效日期	备注
1	欧洲	瑞典	1982年3月29日	1982年3月29日	
	欧洲	瑞典	2004年9月27日	2004年9月27日	重新签订
2	欧洲	德国	1983年10月7日	1985年3月18日	
	欧洲	德国	2003年12月1日	2005年11月11日	重新签订
3	欧洲	法国	1984年5月30日	1985年3月19日	
	欧洲	法国	2007年11月26日	2010年8月20日	重新签订
4	欧洲	比利时与卢森堡	1984年6月4日	1986年10月5日	
	欧洲	比利时与卢森堡	2005年6月6日	2009年12月1日	重新签订
5	欧洲	芬兰	1984年9月4日	1986年1月26日	
	欧洲	芬兰	2004年11月15日	2006年11月15日	重新签订
6	欧洲	挪威	1984年11月21日	1985年7月10日	
7	欧洲	意大利	1985年1月28日	1987年8月28日	
8	欧洲	丹麦	1985年4月29日	1985年4月29日	
9	欧洲	荷兰	1985年6月17日	1987年2月1日	
	欧洲	荷兰	2001年11月26日	2004年8月1日	重新签订
10	欧洲	奥地利	1985年9月12日	1986年10月11日	
11	欧洲	英国	1986年5月15日	1986年5月15日	
12	欧洲	瑞士	1986年11月12日	1987年3月18日	
	欧洲	瑞士	2009年1月27日	2010年4月13日	重新签订
13	欧洲	波兰	1988年6月7日	1989年1月8日	
14	欧洲	保加利亚	1989年6月27日	1994年8月21日	
	欧洲	保加利亚	2007年6月26日	2007年11月10日	附加议定书
15	欧洲	俄罗斯	2006年11月9日	2009年5月1日	
16	欧洲	匈牙利	1991年5月29日	1993年4月1日	
17	欧洲	捷克和斯洛伐克	1991年12月4日	1992年12月1日	
	欧洲	斯洛伐克	2005年12月7日	2007年5月25日	附加议定书
18	欧洲	葡萄牙	1992年2月3日	1992年12月1日	
	欧洲	葡萄牙	2005年12月9日	2008年7月26日	重新签订
19	欧洲	西班牙	1992年2月6日	1993年5月1日	
	欧洲	西班牙	2005年11月24日	2008年7月1日	重新签订

续表

序号	洲别	国家	签署日期	生效日期	备注
20	欧洲	希腊	1992 年 6 月 25 日	1993 年 12 月 21 日	
21	欧洲	乌克兰	1992 年 10 月 31 日	1993 年 5 月 29 日	
22	欧洲	摩尔多瓦	1992 年 11 月 6 日	1995 年 3 月 1 日	
23	欧洲	白俄罗斯	1993 年 1 月 11 日	1995 年 1 月 14 日	
24	欧洲	阿尔巴尼亚	1993 年 2 月 13 日	1995 年 9 月 1 日	
25	欧洲	克罗地亚	1993 年 6 月 7 日	1994 年 7 月 1 日	
26	欧洲	爱沙尼亚	1993 年 9 月 2 日	1994 年 6 月 1 日	
27	欧洲	斯洛文尼亚	1993 年 9 月 13 日	1995 年 1 月 1 日	
28	欧洲	立陶宛	1993 年 11 月 8 日	1994 年 6 月 1 日	
29	欧洲	冰岛	1994 年 3 月 31 日	1997 年 3 月 1 日	
30	欧洲	罗马尼亚	1994 年 7 月 12 日	1995 年 9 月 1 日	
	欧洲	罗马尼亚	2007 年 4 月 16 日	2008 年 9 月 1 日	附加议定书
31	欧洲	南斯拉夫	1995 年 12 月 18 日	1996 年 9 月 12 日	后由塞尔维亚承接
32	欧洲	马其顿	1997 年 6 月 9 日	1997 年 11 月 1 日	
33	欧洲	马耳他	2009 年 2 月 22 日	2009 年 4 月 1 日	
34	欧洲	塞浦路斯	2001 年 1 月 17 日	2002 年 4 月 29 日	
35	亚洲	泰国	1985 年 3 月 12 日	1985 年 12 月 13 日	
36	亚洲	新加坡	1985 年 11 月 21 日	1986 年 2 月 7 日	
37	亚洲	科威特	1985 年 11 月 23 日	1986 年 12 月 24 日	
38	亚洲	斯里兰卡	1986 年 3 月 13 日	1987 年 3 月 25 日	
39	亚洲	日本	1988 年 8 月 27 日	1989 年 5 月 14 日	
40	亚洲	马来西亚	1988 年 11 月 21 日	1990 年 3 月 31 日	
41	亚洲	巴基斯坦	1989 年 2 月 12 日	1990 年 9 月 30 日	
42	亚洲	土耳其	1990 年 11 月 13 日	1994 年 8 月 19 日	
43	亚洲	蒙古国	1991 年 8 月 25 日	1993 年 11 月 1 日	
44	亚洲	乌兹别克斯坦	1992 年 3 月 13 日	1994 年 4 月 12 日	
	亚洲	乌兹别克斯坦	2011 年 4 月 19 日	2011 年 9 月 1 日	重新签订
45	亚洲	吉尔吉斯	1992 年 5 月 14 日	1995 年 9 月 8 日	
46	亚洲	亚美尼亚	1992 年 7 月 4 日	1995 年 3 月 18 日	
47	亚洲	菲律宾	1992 年 7 月 20 日	1995 年 9 月 8 日	

序号	洲别	国家	签署日期	生效日期	备注
48	亚洲	哈萨克斯坦	1992 年 8 月 10 日	1994 年 8 月 13 日	
49	亚洲	韩国	1992 年 9 月 30 日	1992 年 12 月 4 日	
	亚洲	韩国	2007 年 9 月 7 日	2007 年 12 月 1 日	重新签订
50	亚洲	土库曼斯坦	1992 年 11 月 21 日	1994 年 6 月 6 日	
51	亚洲	越南	1992 年 12 月 2 日	1993 年 9 月 1 日	
52	亚洲	老挝	1993 年 1 月 31 日	1993 年 6 月 1 日	
53	亚洲	塔吉克斯坦	1993 年 3 月 9 日	1994 年 1 月 20 日	
54	亚洲	格鲁吉亚	1993 年 6 月 3 日	1995 年 3 月 1 日	
55	亚洲	阿联酋	1993 年 7 月 1 日	1994 年 9 月 28 日	
56	亚洲	阿塞拜疆	1994 年 3 月 8 日	1995 年 4 月 1 日	
57	亚洲	印度尼西亚	1994 年 11 月 18 日	1995 年 4 月 1 日	
58	亚洲	阿曼	1995 年 3 月 18 日	1995 年 8 月 1 日	
59	亚洲	以色列	1995 年 4 月 10 日	2009 年 1 月 13 日	
60	亚洲	沙特阿拉伯	1996 年 2 月 29 日	1997 年 5 月 1 日	
61	亚洲	黎巴嫩	1996 年 6 月 13 日	1997 年 7 月 10 日	
62	亚洲	柬埔寨	1996 年 7 月 19 日	2000 年 2 月 1 日	
63	亚洲	叙利亚	1996 年 12 月 9 日	2001 年 11 月 1 日	
64	亚洲	也门	1998 年 2 月 16 日	2002 年 4 月 10 日	
65	亚洲	卡塔尔	1999 年 4 月 9 日	2000 年 4 月 1 日	
66	亚洲	巴林	1999 年 6 月 17 日	2000 年 4 月 27 日	
67	亚洲	伊朗	2000 年 6 月 22 日	2005 年 7 月 1 日	
68	亚洲	缅甸	2001 年 12 月 12 日	2002 年 5 月 21 日	
69	亚洲	朝鲜	2005 年 3 月 22 日	2005 年 10 月 1 日	
70	亚洲	印度	2006 年 11 月 21 日	2007 年 8 月 1 日	
71	亚洲	日本和韩国	2012 年 5 月 13 日	2014 年 5 月 17 日	
72	大洋洲	澳大利亚	1988 年 7 月 11 日	1988 年 7 月 11 日	
73	大洋洲	新西兰	1988 年 11 月 22 日	1989 年 3 月 25 日	
74	大洋洲	巴布亚新几内亚	1991 年 4 月 12 日	1993 年 2 月 12 日	
75	非洲	加纳	1989 年 10 月 12 日	1990 年 11 月 22 日	
76	非洲	埃及	1994 年 4 月 21 日	1996 年 4 月 1 日	
77	非洲	摩洛哥	1995 年 3 月 27 日	1999 年 11 月 27 日	

续表

序号	洲别	国家	签署日期	生效日期	备注
78	非洲	毛里求斯	1996 年 5 月 4 日	1997 年 6 月 8 日	
79	非洲	津巴布韦	1996 年 5 月 21 日	1998 年 3 月 1 日	
80	非洲	阿尔及利亚	1996 年 10 月 17 日	2003 年 1 月 28 日	
81	非洲	加蓬	1997 年 5 月 9 日	2009 年 2 月 16 日	
82	非洲	尼日利亚	1997 年 5 月 12 日	1997 年 5 月 12 日	
	非洲	尼日利亚	2001 年 8 月 27 日	2010 年 2 月 18 日	重新签订
83	非洲	苏丹	1997 年 5 月 30 日	1998 年 7 月 1 日	
84	非洲	南非	1997 年 12 月 30 日	1998 年 4 月 1 日	
85	非洲	佛得角	1998 年 4 月 21 日	2001 年 10 月 1 日	
86	非洲	埃塞俄比亚	1998 年 5 月 11 日	2000 年 5 月 1 日	
87	非洲	突尼斯	2004 年 6 月 21 日	2006 年 7 月 1 日	
88	非洲	赤道几内亚	2005 年 10 月 20 日	2006 年 11 月 15 日	
89	非洲	马达加斯加	2005 年 11 月 21 日	2007 年 7 月 1 日	
90	非洲	马里	2009 年 2 月 12 日	2009 年 7 月 16 日	
91	美洲	玻利维亚	1992 年 5 月 8 日	1996 年 9 月 1 日	
92	美洲	阿根廷	1992 年 11 月 5 日	1994 年 8 月 1 日	
93	美洲	乌拉圭	1993 年 12 月 2 日	1997 年 12 月 1 日	
94	美洲	厄瓜多尔	1994 年 3 月 21 日	1997 年 7 月 1 日	
95	美洲	智利	1994 年 3 月 23 日	1995 年 8 月 1 日	
96	美洲	秘鲁	1994 年 6 月 9 日	1995 年 2 月 1 日	
97	美洲	牙买加	1994 年 10 月 26 日	1996 年 4 月 1 日	
98	美洲	古巴	1995 年 4 月 24 日	1996 年 8 月 1 日	
	美洲	古巴	2007 年 4 月 20 日	2008 年 12 月 1 日	重新修订
99	美洲	巴巴多斯	1998 年 7 月 20 日	1999 年 10 月 1 日	
100	美洲	特立尼达多巴哥	2002 年 7 月 22 日	2004 年 12 月 7 日	
101	美洲	圭亚那	2003 年 3 月 27 日	2004 年 10 月 26 日	

附录5　通过确认考核的境外经贸合作区名录

	合作区名称	境内实施企业名称
1	柬埔寨西哈努克港经济特区	江苏太湖柬埔寨国际经济合作区投资有限公司
2	泰国泰中罗勇工业园	华立产业集团有限公司
3	越南龙江工业园	前江投资管理有限责任公司
4	巴基斯坦海尔—鲁巴经济区	海尔集团电器产业有限公司
5	赞比亚中国经济贸易合作区	中国有色矿业集团有限公司
6	埃及苏伊士经贸合作区	中非泰达投资股份有限公司
7	尼日利亚莱基自由贸易区（中尼经贸合作区）	中非莱基投资有限公司
8	俄罗斯乌苏里斯克经贸合作区	康吉国际投资有限公司
9	俄罗斯中俄托木斯克木材工贸合作区	中航林业有限公司
10	埃塞俄比亚东方工业园	江苏永元投资有限公司
11	中俄（滨海边疆区）农业产业合作区	黑龙江东宁华信经济贸易有限责任公司
12	俄罗斯龙跃林业经贸合作区	黑龙江省牡丹江龙跃经贸有限公司
13	匈牙利中欧商贸物流园	山东帝豪国际投资有限公司
14	吉尔吉斯斯坦亚洲之星农业产业合作区	河南贵友实业集团有限公司
15	老挝万象赛色塔综合开发区	云南省海外投资有限公司
16	乌兹别克斯坦"鹏盛"工业园	温州市金盛贸易有限公司
17	中匈宝思德经贸合作区	烟台新益投资有限公司
18	中国·印度尼西亚经贸合作区	广西农垦集团有限责任公司
19	中国·印度尼西亚综合产业园区青山园区	上海鼎信投资（集团）有限公司
20	中国·印度尼西亚聚龙农业产业合作区	天津聚龙集团

参 考 文 献

[1] 白洁：《对外直接投资的逆向技术溢出效应——对中国全要素生产率影响的经验检验》，载于《世界经济研究》2009 年第 8 期。

[2] 白涛、焦捷、金占明、王文龙：《投资区位、进入模式选择与海外子公司存活率之间的关系》，载于《清华大学学报》（自然科学版）2013 年第 2 期。

[3] 陈丽丽、林花：《我国对外直接投资区位选择：制度因素重要吗？——基于投资动机视角》，载于《经济经纬》2011 年第 1 期。

[4] 陈岩、马利灵、钟昌标：《中国对非洲投资决定因素：整合资源与制度视角的经验分析》，载于《世界经济》2012 年第 10 期。

[5] 程惠芳、阮翔：《用引力模型分析中国对外直接投资的区位选择》，载于《世界经济》2004 年第 11 期。

[6] 丁婉玲：《中国制造企业对外直接投资的动机与进入模式研究》，浙江大学博士学位论文，2011 年。

[7] 敦忆岚：《新时期中国企业对外投资问题及对策研究》，中国社会科学院博士学位论文，2014 年。

[8] 葛顺奇、罗伟：《中国制造业企业对外直接投资和母公司竞争优势》，载于《管理世界》2013 年第 6 期。

[9] 国务院、商务部、联合国开发计划署：《2015 中国企业海外可持续发展报告》，2015 年。

[10] 何本芳、张祥：《我国企业对外直接投资区位选择模型探索》，载于《财贸经济》2009 年第 2 期。

[11] 胡博、李凌：《我国对外直接投资的区位选择——基于投资动机的视角》，载于《国际贸易问题》2008 年第 12 期。

[12] 胡志军、温丽琴：《产品生命周期、融资约束与后危机时代民营企业外向国际化》，载于《国际贸易问题》2014 年第 8 期。

[13] 黄丹华：《抓住机遇 迎接挑战 大力提升中央企业国际化经营水平》，载于《中国经贸》2011 年第 7 期。

[14] 黄速建、刘建丽：《中国企业海外市场进入模式选择研究》，载于《中国工业经济》2009 年第 1 期。

[15] 姜萧潇：《中国国企对外直接投资风险防控》，载于《国际经济合作》2014 年第 6 期。

[16] 蒋冠宏、蒋殿春：《中国对外投资的区位选择：基于投资引力模型的面板数据检验》，载于《世界经济》2012 年第 9 期。

[17] 蒋冠宏：《企业异质性和对外直接投资——基于中国企业的检验证据》，载于《金融研究》2015 年第 12 期。

[18] 李锋：《异质企业与外贸发展方式转变研究》，中国社会科学院博士学位论文，2011 年。

[19] 李国学：《对外直接投资模式选择》，载于《中国金融》2013 年第 1 期。

[20] 李国学：《制度约束与对外直接投资模式》，载于《国际经济评论》2013 年第 1 期。

[21] 李辉：《经济增长与对外投资大国地位的形成》，载于《经济研究》2007 年第 2 期。

[22] 李磊、包群：《融资约束制约了中国工业企业的对外直接投资吗》，载于《财经研究》2015 年第 6 期。

[23] 李猛、于津平：《东道国区位优势与中国对外直接投资的相关性研究——基于动态面板数据广义矩估计分析》，载于《世界经济研究》2011 年第 6 期。

[24] 李述晟：《制度视角下的中国对外直接投资促进机制研究》，首

都经济贸易大学博士学位论文，2013年。

[25] 李轩：《跨国公司对外直接投资区位选择理论研究进展述评及展望》，载于《东北师大学报》（哲学社会科学版）2015年第3期。

[26] 梁莹莹：《中国对外直接投资决定因素与战略研究》，南开大学博士学位论文，2014年。

[27] 林莎、雷井生、杨航：《中国企业绿地投资和跨国并购的差异性研究——来自223家国内企业的经验分析》，载于《管理评论》2014年第9期。

[28] 刘慧、綦建红：《异质性OFDI企业序贯投资存在区位选择的"路径依赖"吗》，载于《国际贸易问题》2015年第8期。

[29] 刘军：《企业异质性与FDI行为：理论研究进展综述》，载于《国际贸易问题》2015年第5期。

[30] 刘军：《异质性视角下服务企业对外直接投资动机研究》，武汉理工大学博士学位论文，2014年。

[31] 刘凯、邓宜宝：《制度环境、行业差异与对外直接投资区位选择——来自中国2003～2012年的经验证据》，载于《世界经济研究》2014年第10期。

[32] 刘阳春：《中国企业对外直接投资动因理论与实证研究》，载于《中山大学学报》（社会科学版）2008年第3期。

[33] 罗能生：《全球生产与贸易新格局下企业国际化发展路径及策略选择——基于生产率异质性理论的分析方法》，载于《世界经济研究》2007年第12期。

[34] 罗伟、葛顺奇：《中国对外直接投资区位分布及其决定因素——基于水平型投资的研究》，载于《经济学》（季刊）2013年第4期。

[35] 贸促会：《2013年中国企业对外投资情况及意向调查报告》，2013年。

[36] 孟庆彬：《中国对外直接投资模式选择》，重庆大学硕士学位论文，2014年。

[37] 缪娟：《中国对外直接投资的区位选择研究》，云南财经大学硕士学位论文，2011 年。

[38] 慕绣如、李荣林：《融资异质性与企业国际化选择——来自微观企业的证据》，载于《当代财经》2016 年第 1 期。

[39] 綦建红、杨丽：《文化距离与我国企业 OFDI 的进入模式选择——基于大型企业的微观数据检验》，载于《世界经济研究》2014 年第 6 期。

[40] 邱立成、杨德彬：《中国企业 OFDI 的区位选择——国有企业和民营企业的比较分析》，载于《国际贸易问题》2015 年第 6 期。

[41] 商务部、统计局、外汇管理局：《2014 年度中国对外直接投资统计公报》，2015 年。

[42] 商务部：《中国对外投资合作发展报告 2015》，2015 年。

[43] 盛思鑫、曹文炼：《中国对外直接投资情况的再评估》，载于《宏观经济研究》2015 年第 4 期。

[44] 司月芳、李英戈：《中资跨国公司对外直接投资研究述评》，载于《经济问题探索》2015 年第 12 期。

[45] 宋维佳、许宏伟：《对外直接投资区位选择影响因素研究》，载于《财经问题研究》2012 年第 10 期。

[46] 陶攀、荆逢春：《中国企业对外直接投资的区位选择——基于企业异质性理论的实证研究》，载于《世界经济研究》2013 年第 9 期。

[47] 田巍、余淼杰：《企业生产率和企业"走出去"对外直接投资：基于企业层面数据的实证研究》，载于《经济学》（季刊）2012 年第 1 期。

[48] 王方方、赵永亮：《企业异质性与对外直接投资区位选择——基于广东省企业层面数据的考察》，载于《世界经济研究》2012 年第 2 期。

[49] 王方方：《企业异质性条件下中国对外直接投资区位选择研究》，暨南大学博士学位论文，2012 年。

[50] 王凤彬、杨阳：《我国企业 FDI 路径选择与"差异化的同时并进"模式》，载于《中国工业经济》2010 年第 2 期。

[51] 王丽华：《中国企业对外直接投资模式选择的研究》，江南大学硕士学位论文，2009 年。

[52] 王永钦、杜巨澜、王凯：《中国对外直接投资区位选择的决定因素：制度、税负和资源禀赋》，载于《经济研究》2014 年第 12 期。

[53] 韦军亮、陈漓高：《政治风险对中国对外直接投资的影响——基于动态面板模型的实证研究》，载于《经济评论》2009 年第 4 期。

[54] 魏浩：《中国对外直接投资战略及相关问题》，载于《国际经济合作》2008 年第 6 期。

[55] 吴崇、蔡婷婷：《跨国公司海外投资进入模式与绩效的多视角整合研究——基于中国制造业上市公司数据的经验分析》，载于《世界经济研究》2015 年第 11 期。

[56] 吴先明、谢慰云：《企业特定优势、东道国特定优势的匹配与对外直接投资模式——制度环境的调节作用》，载于《经济与管理》2016 年第 5 期。

[57] 项本武：《东道国特征与中国对外直接投资的实证研究》，载于《数量经济技术经济研究》2009 年第 7 期。

[58] 项本武：《中国对外直接投资：决定因素与经济效应的实证研究》，社会科学文献出版社 2005 年版。

[59] 肖慧敏、刘辉煌：《企业特征与对外直接投资的自我行为选择》，载于《国际经贸探索》2013 年第 9 期。

[60] 谢孟军：《政治风险对中国对外直接投资区位选择影响研究》，载于《国际经贸探索》2015 年第 9 期。

[61] 徐登峰：《中国企业对外直接投资进入模式研究》，经济管理出版社 2010 年版。

[62] 徐清：《金融发展、生产率与中国企业对外直接投资》，南开大学博士学位论文，2014 年。

[63] 徐雪、谢玉鹏：《我国对外直接投资区位选择影响因素的实证分析》，载于《管理世界》2008 年第 4 期。

[64] 许杨敏：《我国对外直接投资发展阶段、模式及策略研究》，浙江大学硕士学位论文，2014年。

[65] 薛求知、朱吉庆：《中国对外直接投资发展阶段的实证研究》，载于《世界经济研究》2007年第2期。

[66] 阎大颖、洪俊杰、任兵：《中国企业对外直接投资的决定因素：基于制度视角的经验分析》，载于《南开管理评论》2009年第6期。

[67] 阎大颖、任兵、赵奇伟：《跨国并购抑或合资新建——基于制度视角的中国企业对外直接投资模式决策分析》，载于《山西财经大学学报》2010年第12期。

[68] 周茂、陆毅、陈丽丽：《企业生产率与企业对外直接投资进入模式选择——来自中国企业的证据》，载于《管理世界》2015年第11期。

[69] 尹德先：《加快中国企业对外直接投资的战略研究》，上海社会科学院博士学位论文，2012年。

[70] 于世海：《中国对外直接投资与产业升级互动机制研究》，武汉理工大学博士学位论文，2014年。

[71] 俞萍萍、赵永亮：《东道国制度质量对中国企业跨国并购区位选择的影响》，载于《国际经贸探索》2015年第10期。

[72] 曾颖颖：《企业异质性视角下中国企业FDI模式选择的研究》，浙江工商大学硕士学位论文，2013年。

[73] 张兵：《中国制造业对外直接投资的动因、区位选择及绩效》，南开大学博士学位论文，2013年。

[74] 张宏、王建：《东道国区位因素与中国OFDI关系研究——基于分量回归的经验证据》，载于《中国工业经济》2009年第6期。

[75] 张慧、黄建忠：《中国对外直接投资区位理论研究综述》，载于《首都经贸大学学报》2014年第7期。

[76] 张建红、卫新江、海柯·艾伯斯：《决定中国企业海外收购成败的因素分析》，载于《管理世界》2010年第3期。

[77] 张建红、周朝鸿：《中国企业走出去的制度障碍研究——以海外

收购为例》，载于《经济研究》2010 年第 6 期。

[78] 张为付：《影响我国企业对外直接投资因素研究》，载于《中国工业经济》2008 年第 11 期。

[79] 郑春霞：《中国企业对外直接投资的区位选择研究》，中国社会科学出版社 2011 年版。

[80] 郑展鹏、刘海云：《体制因素对我国对外直接投资影响的实证研究——基于省际面板的分析》，载于《经济学家》2012 年第 6 期。

[81] 周经、蔡冬青：《企业微观特征、东道国因素与中国 OFDI 模式选择》，载于《国际贸易问题》2014 年第 2 期。

[82] 周经、张利敏：《制度距离、强效制度环境与中国跨国企业对外投资模式选择》，载于《国际贸易问题》2014 年第 11 期。

[83] 朱华：《中国对外直接投资：新格局和新特点》，载于《国际经济合作》2012 年第 1 期。

[84] 宗芳宇、路江涌、武常岐：《双边投资协定、制度环境和企业对外直接投资区位选择》，载于《经济研究》2012 年第 5 期。

[85] Aw B. Y. and Lee Y., "Firm Heterogeneity and Location Choice of Taiwanese Multinationals", *Journal of International Economics*, 2008, 75 (1): 403 –415.

[86] Aybar B. and Ficici, A., "Cross-border acquisitions and firm value: An analysis of emergingmarket multinationals", *Journal of International Business Studies*, 2009 (40): 1317 –1338.

[87] Ayca T. K., "Cross-Border M&A vs. Greenfield Investments: Does Corruption Make A Difference?", *MPRA Working Paper*, 2012, No. 42857.

[88] Bandick R., "Multinationals and Plant Survival", *Reviews of World Economics*, 2010, 145 (4): 609 –634.

[89] Becker J. and Fuest C., "Tax Competition: Greenfield Investment versus Mergers and Acquisitions", *Regional Science and Urban Economics*, 2011, 41 (5): 476 –486.

［90］ Benfratello L. and Razzolini T. , "Firms' Productivity and Internal-isation Choicse: Evidence for a Large Sample of Italian Firms", University of Milano, *Development Working Papers*, 2008, No. 236.

［91］ Beugelsdijk S. , Smeets R. and Zwinkels R. , "The Impact of Hori-zontal and Vertical FDI on Host's Country Economic Growth", *International Business Review*, 2008, 17 (4): 452 – 472.

［92］ Brakman S. , Garretsen H. and Marrewijk C. , "Cross-Border Merg-ers & Acquisitions: The Facts as A Guide for International Economics", *CESifo Working Paper*, 2006, No. 1823.

［93］ Buckley P. J. , Clegg J. , Cross A. R, Liu X. , Voss H. and Zheng P. , "The Determinants of Chinese Outward Foreign Direct Investment", *Journal of International Business Studies*, 2007, 38 (4): 499 – 518.

［94］ Bush C. M. and Lipponer A. , "FDI versus Exports: Evidence from German Banks", *Journal of Banking & Finance*, 2007, 31 (3): 805 – 826.

［95］ Byun, H. S. , Lee H. H. and Park C. Y. , "Assessing Factors Affect-ing M&As versus Greenfield FDI in Emerging Countries", *ADB Economics Work-ing Paper Series*, 2012, No. 293.

［96］ Chen M. X. and Moore M. , "Location Decision of Heterogeneous Multi-national Firms", *Journal of International Economics*, 2010, 80 (2): 188 – 199.

［97］ Chen, W. and Tang H. , "The Dragon is Flying West: Micro-level Evidence of Chinese Outward Direct Investment", *Asian Development Review*, 2014 (31): 109 – 140.

［98］ Cheng L. and Ma Z. , "China's Outward FDI: Past and Future", Mimeo, Hong Kong University of Science and Technology, 2007.

［99］ Cheung Y. W. and Qian X. W. , "The Empirics of China's Outward Direct Investment", *Pacific Economic Review*, 2009, 14 (3): 312 – 341.

［100］ Chor D. , "Subsidies for FDI: Implications from a Model with Hetero-geneous Firms", *Journal of International Economics*, 2009, 78 (1): 113 – 125.

[101] Cieslik A. and Ryan M., "Firm Heterogeneity, Foreign Market Entry Mode and Ownership Choice", *Japan and the World Economy*, 2009, 21 (3): 213 –218.

[102] Cozza C., Rabellotti R. and Sanfilippo M., "The Impact of Outward FDI on the Performance of Chinese Multinationals", *China Economic Review*, 2015 (36): 42 –57.

[103] Cui L. and Jiang F., "FDI Entry Mode Choice of Chinese Firms: A Strategic Behavior Perspective", *Journal of World Business*, 2012 (44): 434 –444.

[104] Cui L. and Jiang F., "State Ownership Effect on Firms' FDI Ownership Decisions under Institutional Pressure: A Study of Chinese Outward-investing Firms", *Journal of International Business Studies*, 2012 (43): 264 –284.

[105] Damijan J. P., Polanec S. and Prasnikar J., "Outward FDI and Productivity: Micro-Evidence from Slovenia", *The World Economy*, 2007, 30 (1): 135 –155.

[106] Deng P., "The Internationalization of Chinese Firms: A Critical Review and future Research", *International Journal of Management Reviews*, 2012 (14): 408 –427.

[107] Edamura K., Haneda S., Inui T., Tan X. and Todo Y., "Impact of Chinese Cross-border Outbound M&As on Firm Performance: Econometric Analysis Using Firm-level Data", *China Economic Review*, 2014 (30): 169 –179.

[108] Engel D. and Procher V., "Export, FDI and Firm Productivity", *Applied Economics*, 2012, 44 (15): 1931 –1940.

[109] Farinas J. C. and Ruano S., "Firm Productivity, Heterogeneity, Sunk Costs and Market Selection", *International Journal of Industrial Organization*, 2005, 23 (7 –8): 505 –534.

[110] Franco C., "Exports and FDI Motivations: Empirical Evidence from

U. S. Foreign Subsidiaries", *International Business Review*, 2013, 22 (1):
47 – 62.

[111] Girma S. , Görg H. and Eric S. , "Exports, International Invest-
ment, and Plant Performance: Evidence from A Non-Parametric Test", *Eco-
nomics Letters*, 2004, 83 (3): 317 – 324.

[112] Girma S. , Kneller R. and Pisu M. , "Exports versus FDI: An Em-
pirical Test", *Review of World Economics*, 2005, 141 (2): 193 – 218.

[113] Görg H. , Mühlen H. and Nunnenkamp P. , "Firm Heterogeneity,
Industry Characteristics and Types of FDI: The Case of German FDI in the Czech
Republic", *Kiel Institute Working Papers*, 2009, No. 1544.

[114] Görg H. , Mühlen H. and Nunnenkamp P. , "FDI Liberalization,
Firm Heterogeneity and Foreign Ownership: German Firm Decision in Reforming
India", *Journal of Development Studies*, 2010, 46 (8): 1367 – 1384.

[115] Greenaway D. and Kneller R. , "Firm Heterogeneity, Exporting and
Foreign Direct Investment: A Survey", *The Economic Journal*, 2007, 117
(17): 134 – 161.

[116] Hayakawa K. and Matsuura T. , "Complex Vertical FDI and Firm
Heterogeneity: Evidence from East Asia", *Journal of the Japanese and Interna-
tional Economies*, 2011, 25 (3): 273 – 289.

[117] Head K. and Ries J. , "Heterogeneity and the FDI versus Export De-
cision of Japanese Manufacturers", *Journal of the Japanese and International
Economies*, 2003, 17 (4): 448 – 467.

[118] Helpman E. , "Trade, FDI and the Organization of Firms", *Jour-
nal of Economic Literature*, 2006, 44 (3): 589 – 630.

[119] Helpman E. , Melitz M. J. and Yeaple S. R. , "Export Versus FDI
with Heterogeneous Firms", *American Economic Review*, 2004, 94 (1):
300 – 316.

[120] Hong J. J. , "Firm Heterogeneity and Location Choices: Evidence

from Foreign Manufacturing Investments in China", *Urban Studies*, 2009, 46 (10): 2143 – 2157.

[121] Hopenhayn H. A. , "Entry, Exit and Firm Dynamics in Long Run Equilibrium", *Econometrica*, 1992, 60 (5): 1127 – 1150.

[122] Kalkbrenner E. , "Acquired versus Non-Acquired Subsidiaries: Which Entry Mode do Paprent Firms Prefer", *Labor & Welfare State Working Paper*, 2010, No. 1022.

[123] Katayama S. , Lahin S. and Tomiura E. , "Cost Heterogeneity and the Destination of Japanese Foreign Direct Investment: A Theoretical and Empirical Analysis", *Japan and the World Economy*, 2011, 23 (3): 170 – 177.

[124] Kersting E. K. , "International Organization of Production with Heterogeneous Firms", *Review of International Economics*, 2013, 21 (3): 585 – 599.

[125] Lehner M. , "Entry Mode Choice of Multinational Banks", *Journal of Banking & Finance*, 2009, 33 (10): 1781 – 1792.

[126] Mayer T. , Méjean I. and Nefussi B. , "The Location of Domestic and Foreign Production Affiliates by French Multinational Firms", *Journal of Urban Economics*, 2010, 68 (2): 115 – 128.

[127] Melitz M. , "The Impact of Trade on Intra-industry Reallocations and Aggregate Industry Productivity", *Econometrica*, 2003, 71 (6): 1695 – 1725.

[128] Mukherjee A. and Marjit S. , "Firm Productivity and Foreign Direct Investment: A Non-Monotonic Relationship", *Economics Bulletin*, 2009, 29 (2): 1 – 8.

[129] Müller T. , "Analyzing Modes of Foreign Entry: Greenfield Investment versus Acquisition", *Review of International Economics*, 2007, 15 (1): 93 – 111.

[130] Navaretti G. B. , Castellani D. and Disdier A. C. , "How Does Investing in Cheap Labour Countries Affect Performance at Home? Firm-level Evidence

from France and Italy", *Oxford Economic Papers*, 2010, 62 (2): 234 – 260.

[131] Nocke V. and Yeaple S. , "Cross-Border Mergers and Acquisitions versus Greenfield Foreign Direct Investment: The Role of Firm Heterogeneity", *Journal of International Economics*, 2007, 72 (2): 336 – 365.

[132] Nocke V. and Yeaple S. , "An Assignment Theory of Foreign Direct Investment", *Review of Economic Studies*, 2008, 75 (2): 529 – 557.

[133] Oberhofer H. and Pfaffermayr M. , "FDI versus Exporters: Multiple Host Countries and Empirical Evidence", *The World Economy*, 2012, 35 (3): 316 – 330.

[134] Raff H. , Ryan M. and Stähler F. , "Firm Productivity and the Foreign-Market Entry Decision", *Journal of Economics & Management Strategy*, 2012, 21 (3): 849 – 871.

[135] Ramada S. M. , "Determinants in the Choice of Entry Mode for MNCs Going Offshore", *Towers Watson Technical Paper*, 2009, No. 1398836.

[136] Stepanok I. , "Cross-Border Mergers and Greenfield Foreign Direct Investment", *Kiel Working Paper*, 2012, No. 1805.

[137] Stiebale J. and Trax M. , "The Effects of Cross-Border M&As on the Acquirers' Domestic Performance: Firm-Level Evidence", *Canadian Journal of Economics*, 2011, 44 (3): 957 – 990.

[138] Sutherland D. and Ning L. , "Exploring 'onward-journey' ODI strategies in China's private sector businesses", *Journal of Chinese Economic and Business Studies*, 2011 (9): 43 – 65.

[139] Tanaka A. , "Firm Productivity and the Number of FDI Destinations: Evidence from a Non-Parametric Test", *Economics Letters*, 2012, 117 (1): 1 – 4.

[140] UNCTAD, World Investment Report 2015. Reforming International Investment Governance. Geneva: United Nations.

[141] Wang C. , Hing H. , Kafouros M. and Boateng A. , "What Drives

Outward FDI of Chinese Firms? Testing the Explanatory Power of Three Theoretical Frameworks", *International Business Review*, 2012 (21): 425 –438.

[142] Yasar M. and Paul C. J. M. , "International Linkages and Productivity at the Plant Level: Foreign Direct Investment, Export, Imports and Licensing", *Journal of International Economics*, 2007, 71 (2): 373 –388.

[143] Yeaple S. R. ,' "Firm Heterogeneity and the Structure of U. S. Multinational Activity ", *Journal of International Economics*, 2009, 78 (2): 206 –215.

[144] Yiu D. W. , Lau C. M. and Bruton G. D. , "International Venturing by Emerging Economy Firms: The Effects of Firm Capabilities, Home Country Networks, and Corporate Entrepreneurship", *Journal of International Business Studies*, 2007 (38): 519 – 540.